추성은 ⓒ 2024, Printed in Seoul, Korea.
First Published in Korea by The Angle Books Co., Ltd.

단단한 마음
깊은 말
바이블 대화법

• 일러두기
본문에 인용된 성경 구절은 《개역개정 성경전서》와 《새번역 성경전서》를 혼용했습니다.

단단한 마음
깊은 말
바이블 대화법

추성은 지음

Bible Conversation Method

Angle Books

🌿 들어가는 말

존재가 바뀌어야
말투도 변합니다

> 그는 상한 갈대를 꺾지 아니하며, 꺼져가는 등불을 끄지 아니하고
>
> (이사야 42장 3절)

아무리 성직자라도 성숙한 인격을 갖추지 못하면 직분의 의미가 없습니다. 공동체에서 갈등을 일으키기 때문이죠. 목사뿐 아니라 모든 직책에서, 각자 삶의 자리에서 내면이 성장하지 못해 일어나는 다툼이 사회 전반에 만연합니다.

특히, 인간관계에서 대립이 발생하고, 의사소통에서 마찰이 일어나는 원인은 대부분 말투와 생각에 있습니다. 그래서 많은 이가 이를 극복하고자 말공부를 시작합니다. 그런데 시

중에 나온 대화법 관련 책들은 너무 방대해서 오히려 학습을 더 어렵게 만듭니다. 눈가리고 아옹 하는 식으로 상황별 대처법 등을 제안합니다. 그러나 임기응변으로 대처하는 '단순 기술'과 경험적 지식, 심리 파악만으로는 말투가 변화하기 어렵습니다. 근본적으로 내면을 변화시킬 수 없기 때문입니다. 선(善)과 의(義)로 변하지 않으면 말투는 고치기 어렵고, 치유하는 말도 해줄 수 없습니다.

5천 년의 지혜에서 배우는 변화의 언어

인류가 '진리'로 공인한 성경은 이미 많은 이들의 인생을 바꿔놓았습니다. 그렇기에 저는 일상을 넘어 삶을 변화시키는 방법으로써 성경을 바탕으로 한 '말공부의 핵심'을 이 책에 담았습니다. 관계에서 발생하는 갈등과 불화를 어떻게 예방하고 치유하는지, 매 순간 올바른 말과 정의로운 선택을 할 수 있는 힘을 기르려면 어떻게 성찰해야 하는지를 말이죠. 부족했던 저도 성경 말씀을 삶에 적용했더니 말투가 변화했을 뿐 아니라 내면이 성숙해지는 놀라운 일이 일어났습니다. 오래된 진리는 우리의 인격과 인생을 바꿔줄 유일한 도구가 된다는 걸 다시 한번 깨달았다고나 할까요?

나아가 성경 구절이 낯선 비종교인들을 위해서 책에 '성경 대화법'에 대한 과학적 근거를 제시하고, 가능한 한 인문학적 사고로 접근하려고 노력했습니다. 종교와 상관없이 성경은 5천 년이 넘는 오래된 지혜이기에, 내면을 변화시키고 싶은 이라면 누구나 읽을 수 있는 대화법 책이 되길 바라는 마음도 담았습니다.

변화는 외면이 아닌 내면에서 시작된다

자신의 약점은 방치한 채 단순히 대화 기술만 익혀서 갈등을 덮으려는 사람은 성장하지 못합니다. 대화에 관련된 책들을 읽고 오랜 시간 공부했다고 품격 있는 말투가 장착되는 것도 아니죠. 결국 말투에 변화가 생기려면 '속사람'이 변화되어야 합니다. 시간이 아니라 시간 속 '사건'과 '경험'이 나를 변화시킵니다. '이렇게 말할 걸 그랬어.', '배웠는데 또 못 했네.', '제대로 선택하지 못했어.' 같은 후회가 성찰로 바뀌면서 자신의 위치를 돌아보게 됩니다.

그리고 이 과정에서 생기는 불안함은 자신의 상태를 명확하게 진단해주는 일종의 바로미터입니다. 자신을 알아야 단점을 개선하려는 의지가 생깁니다. 자신의 말이 상대와 갈등을 일으키는 줄도 모른다면 말투는 고칠 수 없어요. 태동하지 않고 정지해 있다면 떠밀려가는 삶을 살 수밖에 없습니다. 목표를 가로막는 벽에 부딪혔을 때 찾아오는 불안함이 앞으로 치고 나가는 '나의 시작점'입니다.

오래된 지혜가 던지는 질문, "나는 누구인가?"

성경은 우리를 질그릇이라고 합니다. "우리는 이 보물을 질그릇에 간직하고 있습니다. 이 엄청난 능력은 하나님에게서 나는 것이지, 우리에게서 나는 것이 아닙니다." (고후 4:7) 여기서 보물은 예수, 질그릇은 우리를 일컫습니다. 그리고 엄청난 능력은 우리가 보물을 그저 손에 쥐고 있을 때가 아니라 사용할 때 나타나죠. 즉 성경에 나오는 구절을 계속 읽고 내면화하면 '어떤 말'을 '어떻게 해야 할지' 알게 됩니다. 이것이 바로 성경이 가르치는 대화법입니다.

또한 성경은 우리가 누구인지를 먼저 알려줍니다. 우리는 원수를 사랑해야 하고, 이웃을 내 몸처럼 사랑해야 하는 존재입니다. 그런데 지금처럼 자신의 행복을 최우선으로 생각하는 각자도생의 시대, 치열하고 각박한 시대에는 이웃까지 사랑하기가 쉽지 않아요. 그렇기에 저는 가끔 종교인이라는 말이 부끄럽습니다. 성경에서는 이러지도 저러지도 못하는 딱한 처지에 놓인 우리를 '상한 갈대, 꺼져가는 등불'이라고 했습니다. **"상한 갈대를 꺾지 아니하며, 꺼져가는 등불을 끄지 아니하고"** (사 42:3)라며 우리 자신이 연약한 존재라는 것을 확인시켜줍니다.

    자기계발, 말공부를 시작했다는 건 자신이 미약한 존재임을 깨달았다는 뜻입니다. 동시에 겸손한 사람이라는 뜻이기도 하죠. 자신을 아는 것만큼 감사한 일이 또 있을까요? 대다수 우리는 자신을 알지 못해서 말을 말답게 하지 못합니다. '왜 이것밖에 안 될까?', '왜 이 말밖에 못할까?'라며 실망합니다. 그러나 이런 갈등이 있어야 오히려 좌절하지도, 포기하지도 않습니다.

내면에서 말투까지, 나를 바꾸는 하루의 루틴

    당신은 이 책을 넘길 때마다 보물처럼 귀한 성경 구절들을 만나게 될 겁니다. 성경 말씀을 마음에 새겨 내면화하는 것은 이제껏 하고 싶은 말만 했거나 그럴 듯하게 말하려던 '대화 습관'을 완전히 새롭게 바꾸는 과정입니다. 물론 쉽지 않을 테지만, 나라는 '질그릇'을 깨트려야 보물이 드러나고 아름다운 말이 나온다는 것을 기억하세요. 물론 저에게는 그 그릇을 깨트릴 만한 능력이 없습니다. 누군가를 고쳐보겠다고 이 글을 쓰는 게 아닙니다. 진정한 변화는 스스로가 '상한 갈대', '꺼져가는 등불'이라는 인식에서 시작되니까요.

    부족한 당신을 그대로 두지 않겠다는 성경의 말씀처럼, 자신을 포기하지 말고 내면을 성장시켜 보세요. 당신은 날 때부터 귀하고 귀한 존재이며, 그 안에 소중한 보물을 지니고 있다는 것을 잊지마세요. 갈대를 꺾지 않겠다는, 등불을 끄지 않겠다는 하나님의 약속을 믿고 선하고 바른 나, 아름답고 향기로운 내가 될 수 있다고 믿어보세요. 기독교인이라면 그제야 비로소 온전한 그리스도인의 모습에 한 걸음 더 가까워지게 될 것이고, 종교를 갖지 않은 이라면 어떤 상황에서든 올바른 말과 정의로운 선택을 할 수 있는 '진정한 말의 힘'을 얻게 될 것입니다.

    꼭 기억해주세요. 모든 것이 그렇듯 변화는 중심에서 시작된다는 사실을. 변치 않는 진리를 가슴에 품을 때, 자기계발은 내가 아니라 오래된 지혜로부터 비롯됩니다.

차례

💬 **들어가는 말** – 존재가 바뀌어야 말투도 변합니다 ··· 4

I
성찰,
나를 마주보는 말

1. 선한 내면이 선한 언어를 만든다 ··· 17
2. 내 감정에 이름 붙이기 ··· 24
3. 혼잣말, 홀로 나를 단련하는 언어 ··· 32
4. 첫인상을 압도하는 언어 ··· 40

II
칭찬,
서로를 응원하는 말

5. 영혼을 살리는 소금 같은 말 ··· 49
6. 선물처럼 건네는 '시의적절한 말' ··· 56
7. 나와 상대의 격을 높이는 칭찬 습관 ··· 66
8. 감사는 인생의 리셋 버튼 ··· 73
9. 사람의 변화를 끌어오는 말 ··· 77

III
공감,
온기를 나누는 말

10. 상대의 감정을 인정하는 말	⋯ 87
11. 호감을 불러오는 감정 언어	⋯ 94
12. 한발 먼저 이해하는 '공감 엔진'	⋯ 101
13. 어른의 위로	⋯ 109
14. 나를 바로 세우는 질문	⋯ 117

IV
인정,
어루만지는 말

15. 가난한 언어는 가난한 내면의 거울	⋯ 127
16. 자신을 낮추면 비로소 보이는 겸손의 말	⋯ 134
17. 솔직함의 가면을 쓴 무례한 말	⋯ 142
18. 섣부른 위로보다 진심을 담은 기도	⋯ 151
19. 교만한 조언은 당신만을 위한 것	⋯ 157
20. 사과의 말에는 '반성'이 담겨야 한다	⋯ 165

V
존중,
서로를 높이는 말

21. 용서의 말, 사랑의 또 다른 표현	… 175
22. "너 T야?"라고 묻는 당신에게	… 184
23. 핵심만 짧게, 말에도 교정이 필요하다	… 191
24. '이 말만은 하지 말걸!' 말실수를 줄여주는 말공부	… 200
25. 짐작과 판정은 불통의 말을 부른다	… 208
26. 가까울수록 필요한 '다정한 거리감'의 언어	… 216

VI
평정,
호흡을 다스리는 말

27. 한 번 더 생각하고 담는다	… 227
28. 집중, 소통하기 위한 가장 기본적인 자세	… 236
29. 듣기는 대화의 기본 전략이자 관계의 시작점	… 243
30. 감정의 주도권을 가져오는 '잠깐의 여유'	… 253
31. 생각한 대로 이루어지는 무의식의 언어들	… 260
32. 외부 자극으로부터 마음을 보호하는 '거리'의 힘	… 267

💬 **부록** ··· 277
내 삶에 길을 찾는 하루 한 말씀
참고 문헌 & 참고 웹사이트

I

성찰,
나를 마주보는 말

1
선한 내면이 선한 언어를 만든다

> 선한 사람은 선한 것을 쌓아두었다가 선한 것을 내고, 악한 사람은 악한 것을 쌓아두었다가 악한 것을 낸다.
>
> (마태복음 12장 35절)

취한 사람은 취한 줄 모르고 주사를 부린다. 악한 사람은 자기 행동이 폭력이라고 생각하지 않는다. 겸손한 사람은 존중의 말을 하고, 교만한 사람은 흠을 잡는다. 어떤 상황에 직면했을 때 나오는 말은 그 사람의 됨됨이, 인격이다.

대화를 나누다 보면 상대의 말투를 토대로 인격을 짐작할 수 있다. 말에는 인격을 형성하는 사고방식, 가치관, 경험, 성장환경 등 복합적인 요소들이 모두 담겨 있기 때문이다. 그래서 내뱉은 말은 허공으로 사라지지 않고 어떤 사람인지를 여실히 보여준다. '감사'의 말을 자주 하는 사람은 겸손하며, '불평'이 잦은 사람은 남을 쉽게 깎아내린다. 이처럼 태도는 말투가 되어 나온다.

말투는 DNA 같아서 자기 안에 잠재되어 있던 습관, 숨겨왔던 생각 등의 정보를 고스란히 보여준다. 직장과 일상에서 자주 쓰는 자신의 말투는 본성일 수 있다. 그러니 대화를 잘하고 싶다면 말투가 어떤지 먼저 의식해야 한다. 어떤 말에 예민하게 반응하고 발끈하는지, 남의 말을 자르거나 끼어드는지, 남의 말은 듣지 않고 자기 말만 하는지 살펴봐야 한다.

"이 정도는 누구나 할 수 있는데……."
"이것 때문에 굳이 저를 찾아오셨어요?"
"이렇게 간단한 걸 진짜 이해 못 해?"
"다 그(것) 때문에 이런 거라니까."

까칠하고 불친절한 표현과 말투가 일상이 되면 상대를 할퀴고 자존감을 깎아내리는 사람이 되고 만다. 그러다 보면 더 이상 누구도 찾아오지 않고, 다가오지 않는다. 결국 관계를 틀어지게 만든 건 다름 아닌 자신의 말투이다. 말투를 교정하지 않으면 누구에게도 존중받을 수 없다.

그런데 말투는 거울로 볼 수 없기에 누군가 지적하기 전까지는 정확하게 알기 어렵다. 그러니 주변을 살피고 관계의 변화를 살피는 일은 곧 자신의 말투를 살피는 일과 같다.

언어는 나를 이루는 세계

질문, 협상, 면접, 수업, 대화, 서비스, 소셜 미디어 등 대부분의 정보는 말로 이루어져 있다. 그래서 '어떤 말을 하는가'에 따라 '어떤 사람인가'가 결정된다.

거인 장수 골리앗을 물리친 이야기로 우리에게 익숙한 다윗은 「시편」에서 이렇게 고백했다. "그래서 나는 입을 다물고, 아무 말도 하지 않았다. 심지어 좋은 말도 하지 않았더니, 걱정 근심만 더욱더 깊어 갔다." (시 39:2) 다윗은 좋은 말을 하지 않아서 마음에 걱정과 근심이 가득했고, 왕의 권세를 가졌음에도 자기반성과 회개를 철저히 했다. 이스라엘의 가장 위대한 왕인 다윗처럼 끊임없이 내면을 확인하다 보면 어느새 말투와 행동에 변화가 생긴다.

주변을 둘러보면, 누가 봐도 잘나서 자신을 내세울 법도 한데 절대 과시하거나 자랑하지 않는 사람들이 있다. 그런 사람들과 나눴던 대화 중에 겸손함이 드러난 말투를 소개한다.

> 나: 창업할 때 많이 힘드셨겠어요.
> 상대: 고생을 좀 했습니다. 몇 번이나 망할 뻔했고, 망하기도 했습니다. 아이들 학원비도 못 냈으니까요.
> 나: 지금 회사를 보면 전혀 그렇게 보이지 않아요. 이렇게 크게 성장했는걸요.
> 상대: 아닙니다. 그때 겪었던 수많은 고난이 지금을 만들었을 뿐입니다.

솔직히 운이 좋았다고, 좋은 기회가 찾아왔다고, 특별한 아이디어로 위기를 돌파할 수 있었다고 말할 줄 알았다. 그러나 결과를 자랑하지 않고 고된 과정을 상기할 뿐이었다. 성공을 위해 자신의 모든 것을 바쳤건만 고생했다고 으스대지도 않았다. 그저 풍파에 깎인 큰 바위처럼 거대한 겸손이 묵직한 존재감으로 뿜어져 나왔다.

말, 말투에 민감한 직업을 꼽자면 단연 정치인을 빼놓을 수 없다. 그들은 언론을 통해 여과 없이 대중에 노출되기 때문에 말투와 말에 예민할 수밖에 없다. 각국 정상들이 공식 석상에서 마이크가 켜진 줄 모르고 내뱉은 비속어가 논란이 된 적 있는데, 이는 자기 생각을 그대로 드러낸 행동이라 하겠다.

정치인들은 상대 진영과 늘 대립하기 때문에 부정적 태도를 견지하다가 심하면 욕설을 날리기도 한다. 그 말투로 인해 그들은 종종 사퇴를 종용받는다. 사회적 지위를 가지고 공적인 자리에 있으면 이유를 불문하고 말부터 조심해야 하며, 항상 의식해야 한다.

당신은 '마음밭'에 무엇을 심었을까

사람의 마음은 넓은 밭과 같다. 무엇을 심느냐에 따라 영혼이 살기도 하고 죽기도 한다. 말투를 들으면 그 사람의 마음에 무엇이 가득한지 알 수 있다. 내면에 쓰레기가 쌓여 있다면 입에서 거친 말, 무례한 말이 쏟아진다. 이는 상대를 병들게 하고, 심지어 죽이기도 한다.

말공부를 하는 사람이라면, 마음을 비옥하게 관리해서 나도 살고 상대도 살리고 싶을 것이다. 그러나 의지만으로는 말투가 변화하지 않는다. 우리의 인생 역시 그렇다. 생각대로 되지 않으며, 다짐한다고 되지 않는다. 그저 마음을 키우고 그에 맞게 절대 분량을 꾸준히 채워야만 변화가 일어난다. 이때 선한 것과 악한 것, 둘 중에 무엇을 마음밭에 많이 심었느냐에 따라 말투와 행동, 생각이 결정된다.

성경은 준비된 자세를 '좋은 땅'으로 비유하여 말씀한다. "좋은 땅에 뿌린 씨는 말씀을 듣고서 깨닫는 사람을 두고 하는 말인데, 이 사람이야말로 열매를 맺되, 백 배 혹은 육십 배 혹은 삼십 배의 결실을 낸다."(마 13:23)

저자는 고등학교 다닐 때 밤 10시까지 야자(야간 자율 학습)를 했다. 야자가 없는 날에는 과외도 받고 학원도 다녔다. 그런데도 성적은 늘 하위권이었다. 똑같은 패턴으로 공부했던 친구는 서울대를 갔다. 아무리 값비싼 사교육을 받았더라도 마음밭에 하고자 하는 '절대 열심'이 심어져 있지 않았기에 낮은 수준에 머물 수밖에 없었다. 그리고 저자는 왜 공부해야 하는지를 깨닫지 못했다. '공부'라는 씨앗은 좋은데 밭이 엉망이었던 것이다. 마음을 어떻게 먹느냐에 따라 결실의 여부가 달라진다.

예수님의 가르침을 받았다고 내 말투가 곧바로 바뀌지 않는다. 그러나 말하고 난 뒤에 '아, 내가 실수했구나. 말을 잘못했구나. 좀 더 친절하게 할걸.'이라고 후회하면 좋은 땅을 가꿀 준비가 된 것이다. 자책하는 마음은 당신의 마음에 예수 그리스도가 심어져 있다는 증거다.

"너의 노력에 진심으로 고마워하고 있어."

"이런 일로 저를 찾아오셨군요."

"이런 부분이 어려웠구나. 같이 살펴보자."

"그렇게 하게 된 이유가 있었군요."

"선한 사람은 선한 것을 쌓아두었다가 선한 것을 내고, 악한 사람은 악한 것을 쌓아두었다가 악한 것을 낸다." (마 12:35) 예수께서 하신 말씀이다. 선을 쌓은 사람한테 선한 것이 나오고, 악을 쌓은 사람한테 악한 것이 나온다. 특정한 행동이나 태도를 반복하면 습관이 된다. 선한 습관이 배어 있는 사람은 고운 말을 할 수밖에 없다. 누가 호감을 얻는가? 선한 일을 해내는 사람이다. 호의적인 반응을 얻는 일은 나에게 매우 유익한 피드백이 되어주며, 앞으로 일을 할 때도 좋은 동기부여가 된다. 성경 말씀처럼 선한 것이 나오고 선한 것이 쌓이는 선순환이 이루어진다. 그리스도의 가르침으로 나의 과거를 뉘우쳤다면 그것이야말로 '기적'이다. 성경으로 '말공부'를 하는 우리는 누구나 이 기적을 경험할 수 있다.

2. 내 감정에 이름 붙이기

> 하나님, 나를 샅샅이 살펴보시고, 내 마음을 알아주십시오. 나를 철저히 시험해보시고, 내가 걱정하는 바를 알아주십시오. 내가 나쁜 길을 가지나 않는지 나를 살펴보시고, 영원한 길로 나를 인도하여주십시오.
> (시편 139편 23-24절)

'감정'(emotion)은 라틴어 'emovere'(움직이다, 제거하다)에서 유래했다. 혼란스럽고 소란한 상황에 놓인 사람이 요동하는 모습에서 파생된 단어이다. 감정은 사람을 움직이는 '에너지'라는 것이다. 그렇기에 자기감정을 명확히 표현하는 일은 중요하다. 분명한 감정 표현은 고조된 긴장을 풀어주고 의사소통을 원활하게 만들기 때문이다. 자기감정을 상세하게 표현할수록 감정 전달에는 효과적이다.

예를 들어, '운동을 좀 해야겠어.'라는 두루뭉술한 결심으론 부족하다. '좀'보다 구체적인 감정 표현이 운동 효과를 높인다. '탄탄한 모습으로 자신 있게 다녀야지.'라고 스스로에게 말하는 게 좋다. 체중 조절을 목표로 자신의 감정과 소통하는 것이다. '어려워', '기대돼' 같이 흔히 쓰는 말로는 목표 달성을 기대하기 어렵다.

다음에 나오는 [　]는 목표를 이룰 수 있게 만드는 구체적인 감정 표현들이다.

"건강해 보이면 [만족스럽겠지]."
"계속 입고 싶던 옷을 입게 된다면 [아마 새로 태어난 기분일 거야]."
"나의 믿음이 [흔들리지] 않아야 목표에 도달할 수 있어."
"표정에 [자신감이 넘쳐야] 발표할 때 이목을 집중시킬 수 있어."

자신의 목표를 분명한 감정으로 표현해야 성공에 가까워질 수 있다.

'진짜 감정'에서 도망치지 말 것

언제부턴가 우리는 슬픔, 우울, 상실감, 외로움 등을 '나쁜 감정'이라 여기게 되었다. 그래서 언짢고 속상한 감정은 나쁘다고 여기고 드러내기를 꺼린다. 그러나 감정에 좋고 나쁨이란 있을 수 없다. 오히려 슬픔을 알기에 기쁨을 만끽한다. 기쁨을 알기에 슬픔도 이겨낸다. 상실의 경험을 통해 소유의 고마움을 안다. 예수 그리스도의 부활은 모진 고난을 당하고 십자가에서 사망했기에 영광스럽다.

부정의 감정과 긍정의 감정은 서로 교차하면서 강화된다. 그러니 부정적인 감정을 무시하고 자신을 속이려고 하지 말자. 외로우면 '지금 외롭구나.' 하고 인정하면 된다. '그냥 술이나 마시자.'라며 자신을 속이기 때문에 문제가 된다. 외로움은 술로 해결되지 않는다. 몸은 축나고 수명만 단축될 뿐이다. 외롭다고 서둘러 연애를 시작한다면 건강한 만남이 될 수 없다. 상대의 애정을 애타게 구하여 공허한 마음을 채우려고 하기 때문이다. 이렇게 되면 서로 대등한 관계를 유지하기 힘들뿐더러 스스로가 '을'이 되는 연애를 하게 된다.

감정을 속이거나 숨기는 일이 잦아지면 솔직하고 참된 마음과 마주하는 일이 더욱 어려워진다. 그래서 혼자 있는 걸 더 편하다고 여기거나 주변에 대한 관심을 꺼버리게 된다. 연애에 목을 매거나 관계 자체를 거부해버린다. 사람들과의 소통이 어려워져 관계는 약해지고, 결국엔 억압된 감정이 폭발해 자제력을 잃게 된다.

이런 악순환은 자신을 부정적이고 나약한 사람으로 만든다. 사랑이 찾아와도 이별의 두려움이 앞선다. 관계를 맺는 게 어려워서 외로울 때도 '혼자가 편해.'라는 말로 친해지고 싶은 욕구를 덮어버린다. '괜찮아지겠지.', '시간이 지나면 나아질 거야.'라고 다짐하면 나아질까? 그렇지 않다. 부정적인 감정을 감추고 아무렇지 않은 척 속여봤자 마음의 병만 커질 뿐이다. 마음속에 응어리진 부정적인 감정은 직접 꺼내 만져야 나아진다.

'나에게 [수치심]이 있었구나.'
'내가 [앙심]을 품고 있었네.'
'내가 진짜 그 사람을 [미워하는]구나.'
'그 실수 때문에 [얼마나 부끄럽던지], [숨고 싶었어].'

부정적인 감정을 마주하는 건 자학이 아니다. 감정을 반복해서 들여다봐야 정체를 명확하게 파악할 수 있다. 그래야

'이번에도 못 했어.'라는 비판적 시선이 아니라 '이래서 안 됐구나.'라는 객관적 시선으로 볼 수 있고, 자신을 제대로 이해할 수 있다.

감정을 조절하면 얻는 것

어렵고 불편한 마음을 회피하지 않고 직시하고 나면 감정 조절이 한결 수월해진다. 감정에 지배당하지 않으니 자신의 목표를 향해 흔들림 없이 나아갈 수 있다. 감정을 잘 추스르면 다음 단계로 넘어가는 게 훨씬 수월해진다.

누구나 한 번쯤은 억울한 일을 당하고 그에 대한 분노와 상실감, 슬픔 등을 느낀 적 있을 것이다. 그럴 땐 '나만의 단어'로 기분을 명확하게 표현해보자. 짧은 기도문도 좋다. 감정을 조절할 수 있는 스위치를 만들어보자. 이를 통해 불편한 감정을 두려워하지 않고 마주하고, 그 감정을 불러내는 과정에서 나름의 조절 방식을 터득하게 되면 우리는 한층 더 성장한 자신을 발견하게 된다.

능숙한 감정 조절은 자존감을 고양시키는 데도 긍정적인 영향을 미친다. 주변 상황에 더 이상 휘둘리지 않기 위해 힘을 키워야겠다고 다짐하고, 비상한 각오로 미래를 단단히 준비해야겠다고 마음먹게 된다. 감정 조절을 통해 새로운 감정을 맞이할 자리가 생긴 것이다.

"소망을 품고 즐거워하며, 환난을 당할 때 참으며, 기도를 꾸준히 하십시오." (롬 12:12) 저자는 화나고 욱하지만 목사라서 무조건 참아야 할 때가 있다. 참는 것으로 해결이 안 되면 혼자 예배당에 올라가 기도한다. 분한 감정을 기도로 다스리는 것은 문제가 해결되기를 소망한다는 의미다.

감정은 당신의 것이 아니다

감정은 생각을 행동으로 옮기게 하는 힘이다. 하나님이 감정을 만든 건 우리에게 감정의 주인이 되라는 게 아니라 행동하고 반응하라는 의미다.

다윗 왕이 말년에 쓴 시를 소개한다. 인생의 고락을 겪은 다윗의 신앙과 감정이 이 시에 잘 어우러져 있다. [ ]안은 다윗이 험난했던 인생을 회고하며 느꼈던 감정들이다.

"하나님, 나를 [샅샅이] 살펴보시고, 내 마음을 [알아주십시오]." (시 139:23, a)

"나를 [철저히] 시험해보시고, 내가 [걱정하는] 바를 [알아

주십시오]." (시 139:23, b)

다윗은 무엇이 문제인지 정확하게 알게 해달라고 하나님께 기도한다. 그리고 기도를 통해 불안한 정서를 어루만진다. 감정 센서로 불안함을 감지한 다윗은 다음 절에서 자신의 염려를 하나님께 맡긴다.

"내가 나쁜 길을 가지나 않는지 나를 [살펴보시고], 영원한 길로 나를 [인도하여주십시오]." (시 139:24)

아무리 큰 권력과 위대한 재능을 가지고 있더라도 결국 인간이다. 불안한 감정은 내가 주도적으로 살고 싶은 마음 때문에 생기는 당연한 현상이다. 감정은 나를 행동하게 하고, 위협을 감지하는 '센서' 역할을 한다. 내 안의 여러 감정을 바로 읽어내면 나를 괴롭히는 부정적인 감정 따위는 없어진다.

감정을 내 것이라 여겨 마음대로 다루려 하면 분노, 시기, 질투, 우울, 자해 같은 감정에서 벗어나기 어렵다. 모든 감정은 그 자체로 가치가 있다. 감정의 최종 목적지는 감정을 설계한 창조주를 향한다. 떨치고 싶은 감정은 스스로 없애려 해도 지워지지 않는다. 다윗이 보여주었듯, 감정을 만든 주인에게 되돌리는 방법뿐이다. "내 마음이 이렇습니다." "이 아픔을 알아주십시오." "살펴주십시오." "인도하여주십시오." 이것이 성경이 말하는 감정을 다스리는 방법이다.

3 혼잣말, 홀로 나를 단련하는 언어

> 주님이 나의 빛, 나의 구원이신데, 내가 누구를 두려워하랴?
> 주님이 내 생명의 피난처이신데, 내가 누구를 무서워하랴?
>
> (시편 27편 1절)

'자신과 나누는 대화'(self-talk)인 혼잣말은 나를 능력의 삶으로 이끈다. 혼잣말은 중얼거림을 통해 목표를 설정하고 자아를 강화해준다. 지나간 일을 후회할 때, 그 생각이 반복될 때 혼잣말을 한다.

"내가 왜 그랬을까?"
"괜히 말했어!"

이렇게 혼자 말하는 것으로 내가 후회하는 일을 일부분 털어내기도 한다.

"오늘 점심은 뭘 먹을까?"
"할 일 좀 확인해야겠어."
"이번 주에 다 끝내야지."

<u>혼잣말은 마음의 여유를 채워주기 때문에 정신적으로 건강해진다.</u> 성경에서 혼잣말은 '기도'로 표현된다. 나 혼자 말할지라도 하나님이 듣고 있기 때문이다.

현재 상황에서 벗어나고 싶을 때, 창피했던 과거가 생각날 때에도 혼잣말이 나온다. 내 의지와 상관없이 주로 우울, 불안 같은 감정들이 불현듯 떠오른다. 부정적인 생각을 할수록 감정이 고조되고 이를 지우고자 방어기제를 사용하게 된다.

"그때 녹음을 해야 했어."
"쓸데없는 말만 해서 날 이상하게 보면 어떡하지?"
"자꾸 생각나네, 보고 싶다."
"왜 좀 더 강하게 말하지 못했을까?"

"스마트폰 보다가 또 시간 다 갔네."

부정적인 혼잣말을 계속 되뇌다 보면 자책감이 든다. 그래서 지우고 싶은 과거의 기억을 다른 시각에서 바라보는 전략이 필요하다. 이를 '인지적 재평가'라고 한다.

"그때 녹음을 해야 했어." ➜ "할 수 없지. 다음에는 녹음 버튼 먼저 누르자."

"쓸데없는 말만 해서 날 이상하게 보면 어떡하지?" ➜ "내 말만 하기보다 잘 들어야겠어."

"자꾸 생각나네, 보고 싶다." ➜ "나의 인연이 아닌 듯, 더 좋은 사랑을 찾게 될 거야."

"왜 좀 더 강하게 말하지 못했을까?" ➜ "내 의견을 확실하게 표현하는 방법을 배워야겠어."

"스마트폰 보다가 또 시간 다 갔네." ➜ "남 일에 관심 끄고 내 일이나 열심히 해야지."

문제 해결의 시작, 혼잣말

발달심리학자 레프 비고츠키(Lev Semenovich Vygotsky)는 유아기 때부터 하는 혼잣말이 사고 능력을 키워준다고 했다. 만들기, 그리기, 숙제 등을 할 때 자기 생각과 고민을 소리 내어 말하는 아이들을 볼 수 있다. 그들은 상상력을 발휘해 이야기를 만들고 혼잣말로 문제 해결 방법을 생각한다. 과제가 어려울수록 혼잣말을 많이 하는 것과 같다.

비고츠키는 아이가 자랄 때 했던 혼잣말은 내면화되면서 인지 능력을 발달시킨다고 했다. 아이에게 사고력이 생겨 통제나 판단이 가능해지고 언어 활동이 활발해지는 것이다. 유아기에 하는 혼잣말은 그 정도로 중요하며, 성인이 돼서도 영향을 미친다.

끊임없이 자신을 위해 질문하고 답을 찾기 위해 모험하는 사람은 주체적인 삶을 살아가게 된다. '나는 지금 행복한가?' '나는 무엇을 할 때 기쁨을 느끼는가?' 이러한 질문에 부딪혔을 때 선뜻 답하는 이들은 많지 않다. 그건 자신이 이뤄야 할 목표에 대해 깊이 생각해보지 않았기 때문이다. 적어도 잠들기 전 10분이라도 '앞으로 나는 어떻게 살아야 할까?', '나에게 중요한 건 무엇일까?' 등의 질문을 자신에게 던지고 답하기를 반복하다 보면 삶에서 만나는 벽을 넘어서고자 하는 힘과 의지가 조금씩 자라나게 될 것이다.

'고독의 힘'을 키우는 조건

　직장생활을 한다면 꼭 한 번은 독립해서 혼자 살아보길 추천한다. 직접 방을 구하기 위해서는 부동산 발품을 팔고, 월급에 맞춰 월세를 정하고, 통근 시간도 계산해야 한다. '독립'은 '익숙한 것들과의 결별'이다. 배고픈 인생을 살아야 할 수도 있다.

　모든 것을 혼자 감당해야 하지만 이 과정을 겪어낸 사람은 반드시 성장한다. 불안한 삶을 기꺼이 감수했기에 '좀 더 나은 삶'이 눈에 보이게 된다. 고독을 선택한 용기가 '새로운 꿈'을 꾸게 한다. 홀로 잠들기 전 '나와의 대화'가 위대한 결심을 하게 한다. 혼자 있을 때 이뤄야 할 세계가 그려지고 그 꿈을 위해 필요한 재능을 발전시킨다면 미래는 좀 더 투명해진다.

　성공하는 인생은 혼자 있는 시간에 달려 있다. 무리에 의존하지 않고 혼자서 지낼 힘을 '고독력'이라고 부른다. 동양 문화권에서 고독은 노인, 고아, 홀아비 등 쓸쓸한 사람들을 가리키지만, 서양권에서 고독은 긍정적인 의미를 갖는다.

　글로벌 기업가들은 물론 역사적 인물들은 중대한 순간마다 혼자 시간을 보냈다. 혼자 있는 시간은 누구에게나 절대적으로 필요하다. 그리고 고독력이 강한 사람일수록 '나는 어떤 사람으로 성장할까?'에 대한 뚜렷한 답을 가지고 있다. 자아상을 꾸준히 업데이트하기 때문이다.

'다윗의 혼잣말'은 '기도'였다

다윗은 여덟 형제 중 막내로 자라면서 혼자 있을 때가 많았다. 소년 시절 목동이었던 다윗은 하나님을 무척 사랑하여 양들이 잠들면 홀로 찬양과 기도를 했다. "주님은 나의 목자시니, 내게 부족함이 없어라. 나를 푸른 풀밭에 누이시며 쉴 만한 물가로 인도하신다." (시 23:1-2) 목동 일이 한가해 외로울 때면 수금을 연주하며 쓸쓸함을 달랬다. 그런데도 커지는 고독감은 어찌할 수 없었다. 그래서 나무와 바위를 향해 힘껏 돌팔매질하며 시간을 보냈다. 돌팔매질은 포악한 짐승들로부터 양 떼를 지키는 필살기로도 사용했다.

그때 연습한 돌팔매 기술이 골리앗을 상대할 때 필살기가 될 줄이야. 구약성경을 보면 이스라엘을 끈질기게 괴롭혔던 불구대천지원수(不俱戴天之怨讐)인 블레셋(Philistines) 민족이 등장한다.

이날도 이스라엘과 블레셋의 전투가 벌어졌다. 블레셋은 최강 장군, 거인 골리앗을 앞세워 파죽지세로 이스라엘을 몰아붙였다. 나이가 어려 군대에 가지 못했던 다윗은 전투 중인 형들에게 도시락을 전해주러 전쟁터로 향했다.

저 멀리서 기세등등하게 다가오는 골리앗을 발견한 다윗. 그는 자기 주변에 돌부터 찾았다. 그리고 평소 들판에서 연습했던 돌팔매 실력을 골리앗에게 발휘했다. 원심력이 축적된 채로 빠져나간 돌은 시속 150킬로미터로 날아가 거인의 머리 중앙을 정확하게 타격했다. 워낙에 거구였지만 그만큼 얼굴이 큰 건 골리앗의 치명적인 약점이었다. "주머니에 손을 넣어 돌을 하나 꺼낸 다음, 그 돌을 무릿매로 던져서 … 골리앗이 이마에 돌을 맞고 땅바닥에 쓰러졌다." (삼상 17:49)

골리앗을 물리친 이후에 다윗은 이스라엘의 지도자로 급부상했다. 이 사건으로 당시 왕이었던 사울은 시기 질투에 사로잡혀 다윗을 제거하기로 마음먹었다. 전국에 지명수배가 내려진 다윗은 영문도 모른 채 무작정 광야로 도망쳐야 했다. 사울 왕이 사망한 후에야 10여 년간의 긴 도피 생활은 막을 내렸다. 다윗은 돌아와서 유다지파의 왕으로 추대받았고, 서른 살에 전(全) 이스라엘의 왕이 되어 통일왕국 시대를 열었다.

이후에도 다윗은 원치 않게 혼자 있었던 시간이 아주 많았다. 미칠 듯 외롭고 고독했던 광야, 그 죽음의 위협 앞에서 불안과 공포, 분하고 억울했던 자신의 모든 감정을 말로 쏟아냈다. 그것이 오늘날 성경에 기록된 시편이다.

다윗은 아파했던 모든 감정을 하나님께 읊조리는 것으로 고단한 인생에 대항했다. 황량한 광야에 홀로 남겨진 다윗에게 혼잣말은 하나님과 교감하는 핵심 도구였다.

광야에서 쫓기던 불안한 다윗은 이렇게 독백했다. "주님이 나의 빛, 나의 구원이신데, 내가 누구를 두려워하랴? 주님이 내 생명의 피난처이신데, 내가 누구를 무서워하랴?"(시 27:1)

심리학은 방어 기제와 인지적 재평가를 통해 인간의 불안을 줄일 수 있다고 한다. 그러나 성경은 혼잣말, 중얼거림조차도 기도가 되기에 나를 강하게 만든다고 한다. 나의 믿음이 되어주는 '주님'이라는 '절대적 장치'가 있기 때문이다.

4

첫인상을 압도하는 언어

> 그러므로 여러분은 하나님의 택하심을 입은 사랑받는 거룩한 사람답게, 동정심과 친절함과 겸손함과 온유함과 오래 참음을 옷 입듯이 입으십시오.
> (골로새서 3장 12절)

우리는 주로 첫인상으로 사람을 기억한다. 자신의 기준으로 상대를 상상하고 각인한다. 첫인상은 일방적이고 직관적이다. 3-6초 사이에 태도, 외모, 복장, 표정, 말투 등 그 사람의 전반적인 정보가 기억에 쌓인다. 첫인상은 워낙 강하게 인식돼 잘 사라지지 않는다. '첫눈에 반했다.'는 얘기가 나오는 것도 이 때문이다. 인간관계에서 무시할 수 없기에 첫인상에 공을 들여야 하는 것도 사실이다.

그러나 첫인상이 모든 것을 말해주지 않는다. 첫인상만큼 선입견이 강한 것도 없다. "세 번은 만나봐라.", "사람은 겪어봐야 안다."고 하지 않는가. 우리는 첫인상으로 상대를 판단할 수 없다는 것을 삶의 경험을 통해 알고 있다. 대체로 사기꾼 유형은 첫인상이 좋다. 여러모로 친절을 베풀고, 말을 귀담아 들어주니 상대에게 신뢰가 생겨 돈을 건넸다가 물질적, 정신적 피해를 보게 된다.

반대의 경우도 있다. 첫인상은 별로였지만 어떤 일을 계기로 계속해서 좋은 관계를 유지하는 일도 흔하다. '그 사람 보기와 다르네.', '기대와는 다르네.'라는 말은 상대의 '최근 기억'이 과거의 첫인상을 압도했다는 의미다.

판단은 신중히, 입은 무겁게

타인에 대한 평가를 제삼자에게 함부로 말하지 말자. 첫인상 때문에 주변 사람들에게 부정적인 선입견을 갖는 일들이 의외로 잦다. 그러나 타인의 의도나 감정을 첫인상으로 섣불리 판단하여 오해를 유발하면 안 된다. 인간관계에서는 일정한 거리를 두고 객관적으로 접근하는 것이 중요하다.

"저 사람은 인상부터 안 좋아. 그러니까 나머지도 별로일 거야."

"옷 입는 거 보니까 어떤 성격일지 감이 딱 오네."

"확실하지 않지만 내 예상이 맞을걸?"

"처음 봤을 때부터 어떤 사람인지 딱 알겠더라고."

남을 평가하는 인간의 직감은 막기 어렵다. 그러나 직감에 의존하면 고정관념으로 이어지기 쉽다. 첫인상을 일반적인 정보로 참고할 수는 있지만, 상대를 '이런 사람이야.'라고 결정짓는 건 대단히 위험하다.

특히 타인의 부정적 평가가 제삼자에게 전달될 경우, 완벽한 선입견을 갖게 되고, 잠재적 갈등의 원인이 되기도 한다. 게다가 부정적 평가는 소문으로 확산될 수 있으며, 이는 해당 개인과 집단에 해가 될 수 있다.

따라서 피해를 책임지지 못할 거라면 입을 무겁게 하자. 판단은 뒤로하고 상대가 어떤 영향력을 펼칠 수 있을지 기대하는 말을 해주는 게 좋다. 상대를 평가하는 대신 잠재력에 대해 언급하면 어떨까?

"같이 일해보니 앞으로도 잘 해낼 거라고 확신합니다."

"그렇게 되기까지 무슨 사정이 있었을 거야. 혹시라도 알게 되면 배려하자."

"처음 만났을 땐 어색했는데, 지금은 서로 알아가는 중이야."

첫인상은 상대에 대해 문을 열어주지만, 그 안에 무엇이 있는지는 보여주지 않는다. 첫인상은 감정적인 요소에 의해 즉흥적으로 일어나는 생각이기에, 이를 근거로 사람을 판단하겠다는 것은 모순이다. 본래 '판단'은 충분한 시간이 주어져서 상대를 이해하고 정보를 습득해야만 겨우 할 수 있기 때문이다.

이렇듯 첫인상과 판단은 서로 대립한다. '처음엔 좋게 봤는데 지금은 좀 실망스럽네.' 또는 '조용한 줄만 알았는데 적응하더니 저렇게 잘 지낼 줄 몰랐어.'처럼 시간이 지남에 따라 상대의 첫인상에 대한 생각이 달라지는 경우가 그렇다. 그러니 첫인상으로 판단하고 확신을 갖는 습관은 버리자. 상대를 의식하고 평가하는 자세를 뛰어넘는 지혜가 성경에 나와 있다.

첫인상을 압도하는 것

"그러므로 여러분은 하나님의 택하심을 입은 사랑받는 거룩한 사람답게, 동정심과 친절함과 겸손함과 온유함과 오래 참음을 옷 입듯이 입으십시오." (골 3:12) 인간관계를 위해 좋은 인상을 남기는 것은 중요하다. 그러나 성경은 좋은 사람인 척 가면 쓴 모습을 가치 있게 여기지 않는다. 상대의 마음에 들기 위해 웃음을 만들고 말투와 표정을 교정하는 행위는 진실하지 않다는 것이다. 성경은 한때가 아닌 일상에서 자기 내면을 가꾸라고 말씀한다. 항상 입는 옷처럼 하나님의 사랑을 '옷 입듯' 입으라고 한다. 그리고 거룩한 옷을 입고 있는 사람에게는 진솔함이 묻어나온다.

위의 말씀에 나온 동정심, 친절함, 겸손함, 온유함과 오래 참음은 인간이 신의 피조물로서 반드시 갖춰야 할 인격을 말한다. 이는 첫인상을 결정하는 외적인 요소(목소리, 제스처, 표정 등)를 압도하기에, 이러한 성품들을 '옷처럼 입게 되면' 잘 보이고 싶은, 좋게 평가받고 싶은 인간적인 속성이 가려진다.

영화「스파이더맨: 홈커밍」에서 피터는 슈트를 입고 천방지축 날뛰다가 토니에게 뺏기면서 이렇게 말한다. "슈트가 없으면 난 아무것도 아니에요." 그러자 토니는 "슈트 없이 아무것도 아니라면 넌 그걸 가질 자격도 없어!"라고 받아친다.

이제 철이 좀 들었을까? 피터는 자신이 직접 만든 트레이닝복을 입고 악당을 물리친다. 토니는 훌륭하다며 어벤져스 자격과 함께 승리의 선물로 업그레이드된 슈트를 피터에게 주었다. 그러나 피터는 "다정한 이웃의 스파이더맨은 평범한 사람을 도와야지요."라는 말을 남기며 슈트를 거절한다. 내면이 성장한 피터가 겸손의 옷을 입고 진정한 영웅으로 거듭나는 장면이다.

성경의 지혜를 읽고 배우고, 그 안의 예수의 모습을 본받는다는 것은 동정심, 친절함, 겸손함, 온유함, 오래 참음의 옷을 입었다는 뜻이다. 동정심은 상대의 감정을 이해하는 데 중요한 역할을 한다. 친절함은 원활한 소통을 가능하게 하고 갈등을 줄여준다. 겸손함은 예를 다해 상대를 존중하게 만든다. 온유함은 원활한 협력을 이루게 하고 안정감을 제공한다. 오래 참음은 자신을 통제할 능력을 키워주고, 문제 해결을 위해 냉정한 판단을 가능하게 한다.

이 옷들을 갖춰 입으면 좋은 첫인상을 얻기 위해 전략적으로, 인위적으로 자신을 가꾸지 않아도 된다. 상대가 나를 보는 시선과 판단에서 자유로워진다.

# II

칭찬,
서로를 응원하는 말

5

영혼을 살리는 소금 같은 말

> 여러분의 말은 소금으로 맛을 내어 언제나 은혜가 넘쳐야 합니다.
>
> (골로새서 4장 6절)

싱거운 음식을 먹으면 맛도 없는데다 기분까지 나빠진다. 그럴 땐 소금을 쳐야 맛도 살고 기분도 산다. 음식을 상하지 않게 하는 것도 소금의 역할이다. 입원 환자에게는 소금물(생리 식염수)을 주사하여 생명을 연장시킨다. 우리 몸과 동일한 수분을 공급해 생리적 기능을 유지하게 해주는 것이다.

'짭짤하다'는 음식에 간이 잘 돼서 맛이 좋을 때 쓰는 표현이다. 돈을 잘 벌 때도 쓴다. "장사가 잘돼서 짭짤하게 재미 좀 봤어."

대화에도 소금이 필요하다. 음식에 맛을 내주듯, 짭조름한 말투는 밋밋한 관계에 풍미를 더해준다. 성경은 우리에게 소금처럼 말할 것을 강하게 권하고 있다. 인간관계에서 감동을 주고, 마음이 상하지 않도록 적절한 말로 대화하는 것이 소금으로 맛을 내는 말이다. 상한 음식을 먹으면 식중독에 걸리듯 부패한 말, 즉 거칠고 무례한 말은 하는 사람뿐 아니라 듣는 사람 모두의 영혼을 병들게 만든다.

예수는 아예 우리에게 소금이 되라고 하시며 아주 특별한 가치를 부여하셨다. "너희는 세상의 소금이다. 소금이 짠맛을 잃으면, 무엇으로 그 짠맛을 되찾게 하겠느냐?" (마 5:13) 대화에 소금이 없으면 재미가 없어 말하기도 불편하고, 소금의 맛을 잃으면 세상은 날로 부패한다.

말투에도 '코드'가 있다

정치인들이 걸어놓은 현수막은 내용이 참 민망하다.

"뿌린 돈 봉투가 사라집니까?"
"뿌리 뽑자! 학폭·검폭!"

"죄지었으면 벌받아야지."

무차별 비방과 인신공격이 들어간 정치 현수막이 길마다 잔뜩 걸려 있다. '나쁜 말 대잔치'의 폐해는 고스란히 시민들 몫으로, 원치 않는 스트레스를 받는다.

특히 초등학생과 청소년 들에게 최악이다. 아이를 학교까지 바래다주는데, 정치 현수막이 학교 앞 신호등에 걸려 있었다. 그걸 본 아이가 내게 물었다. "아빠, 돈 봉투를 뿌렸는데 그게 어떻게 없어져요?" 나는 선뜻 대답할 수 없었다.

말하는 것은 옷을 입는 것이다. 정치인, CEO, 기업가, 부모 등 자신에 맞는 드레스 코드를 갖춰야 존재를 인정받는다. 말투도 마찬가지다. 자기 위치에 맞는 '말투 코드'를 써야 한다. 저자는 목사다. 목사가 설교할 때 '개좋아'라고 말한다면 어떨까? 상상하기 끔찍할 정도로 말투 코드가 틀렸다. 정치인들은 정장을 입어 드레스 코드를 철저히 지킨다. 정장은 책임감과 신뢰의 상징이기 때문이다. 정치가 신뢰를 받지 못하는 이유는 의원들이 말투 코드를 지키지 않기 때문이다.

유(有)는 유(有)를 낳는다. 여기서 '유'는 자신을 가리킨다. 자기와 똑같은 자식을 낳는다는 뜻이다. 거친 말을 하는 부모가 거친 말을 하는 자녀를 만든다. 부모의 언어 사용은 아동과 청소년 발달에 가장 큰 영향을 미친다. 정치인처럼 공인의 막말은 아이들에게 거친 말을 해도 된다는 '정당성'을 부여한다. 욕설의 원인은 부모, 선생, 친구, 정치인 같은 공인 그리고 자신에게 있다.

우리가 내뱉는 나쁜 말투, 부패한 언어는 낮은 연령대를 감염시킨다. 2021년 1월, 여성가족부 등 세 개 부처의 설문 조사에서 청소년의 73퍼센트가 매일 욕을 사용한다고 답했다. 아이들부터 어른까지 욕설에 잠식당해 있다. 편의점에서 라면을 먹으며 욕하는 아이들을 쉽게 볼 수 있다. 이들을 마냥 미워할 수 없는 것은 우리의 모습이 그 아이들에게 있기 때문이다.

혐오의 말이 만드는 혐오의 관계성

비하를 뜻하는 신조어가 많을수록 혐오를 부추기는 사회다. 그만큼 한국 사회에는 특정 집단을 향한 혐오가 만연하다. 사람을 비난하는 신조어는 잘 사라지지도 않는다. 그리고 혐오의 표현은 더욱 노골적으로 이루어진다. 일례로 '꼰대'가 그렇다. 굉꼰(굉장한 꼰대), 젊꼰(젊은 꼰대)으로 변형되며 사람을 전부 꼰대 취급한다. 학생은 밥때만을 기다리지 않는가? 그런데 급식실 앞에서 신나게 떠들며 기다리는 학생들을 '급식충'이라

부른다. 청소년을 좀 더 낮춰 부르는 노골적인 혐오 표현으로 자리 잡은 것이다. 어디 그뿐인가! 해외여행을 못 가면 '개근거지'라는 놀림도 받는다.

　신조어·줄임말은 다양한 어휘와 감정을 표현할 수 없게 만든다. 채팅 용어만 쓰면 아는 단어도 생각나지 않는다. '헐, 대박' 같은 단어가 그렇다. 맛있어도 '대박', 좋아도 '대박', 실수해도 '헐~ 대박'이라 말한다. 앞서 말했듯, 자신의 감정을 정확히 마주 보기 위해서는 감정이 무엇인지 표현할 줄 알아야 한다. 오늘부터라도 자기감정을 적극적으로 표현해보자.

　"USB 찾느라 5분 정도 늦었거든. 얼마나 긴장되고 초조하던지, 울 뻔했어."

　<u>감정 표현을 풍부하게 하면 상대는 나에게 공감과 위로를 건넨다.</u> 반면에 감정을 비속어로 표현하면 상대 또한 나쁜 감정을 갖는다. 감정은 전이되기 때문이다.

　"이번 발표로 이생망, 개망했어."
　"진짜? 완전 병맛이었겠다."

나는 이생망, 개망했는데 여기에 병맛도 추가됐다.

너와 나는 귀한 존재다

소금이 흔하고 많이 먹기에 소중함을 몰라서 그렇지, 그 존재감은 상당하다. 모든 음식에는 소금이 필요하다. 분유에도 염분이 들어간다. 아기들도 맛에 반응하기 때문이다. 소금은 음식을 가리지 않는다. 그저 음식에 녹아들어 최고의 맛을 낸다.

소금은 사람을 차별하지도 않는다. 부잣집 음식이라고 잘 녹고 가난한 집의 음식이라고 덜 녹지 않는다. 소금은 말없이 자기를 녹여 희생할 뿐이다. 자신의 이익이 아니라 전체의 유익을 위해 존재한다.

"여러분의 말은 소금으로 맛을 내어 언제나 은혜가 넘쳐야 합니다." (골 4:6) 은혜를 입어본 사람은 은혜가 어떤 의미인지 안다. 저자가 경험한 은혜는 '살았다!'다. 나에게 일자리가 없었을 때의 일이다. 벌이가 없는 딱한 처지를 아시고 한 지인이 생활비를 손에 쥐어주셨다. 그날 주신 돈의 액수는 지금 기억나지 않지만, 그때 하신 말씀은 아직까지 내 마음에 감동으로 살아 있다. "내가 선물을 줄게요."

백수라 잔뜩 풀이 죽어 있던 나에게 이 말은 소금의 말이었다. 소금 같은 분에게 소금의 말로 은혜를 입었기에 나는 지금껏 살아올 수 있었다.

　우리는 여태껏 노력해서 얻는 것보다 주어진 것들에 의해서 살아오지 않았는가. 이것이 은혜이다. 당신이 하는 소금의 말은 반드시 은혜가 되어 누군가를 살릴 것이다.

　우리의 몸은 지난 수천 년 동안 하루 1그램 이상의 소금을 섭취해왔다. 사람의 체액에도 0.9퍼센트의 염분이 있다. 이를 유지하지 못하면 혈액에는 염증, 영혼에는 무기력증이 온다. 소금으로 생명을 이어온 존재이기에 우리의 영혼에도 소금이 뿌려져 있다고 저자는 믿는다. 그러니 어찌 소금의 말을 안 할 수 있겠는가!

　소금은 자신을 녹여 부패를 방지해준다. 녹을 땐 녹더라도 필요한 곳에 소금이 되어 확실하게 존재감을 드러내자. 위로와 격려가 필요한 이들에게 아낌없이 소금을 투척하자. 소금을 과다섭취하게 만들어도 좋다. 축복을 말하고 은혜가 되자. 우리가 세상의 소금이다. 오염을 막고 살맛 나게 하는 존재로서 당신은 매우 귀하다.

6 선물처럼 건네는 '시의적절한 말'

> 나쁜 말은 입 밖에 내지 말고, 덕을 세우는 데에 필요한 말이 있으면 적절한 때에 해서 듣는 사람에게 은혜가 되게 하십시오.
>
> (에베소서 4장 29절)

많은 이가 자신의 말이 먹히면 대화가 잘 통한다고 생각한다. 자신의 생각을 제대로 보여준 거라 믿기 때문이다. 하고 싶은 말만 하다 보면 자기주장이 강해진다. 그러다 자기도 모르게 목소리가 커지거나 버럭하게 된다. 갈등이 일어나고 대화는 거기서 끝난다.

자신의 말만 하는 것은 소통이 아니다. 상대를 의식하면서 말하고 듣는 게 소통이다. '여러분'이라는 말을 자주 사용해 보자. 나부터 공손해진다. '상대를 중심으로' 말하면 상대는 마음을 열고 신뢰를 보낼 준비를 한다.

사람은 누구나 자기만족을 위해서 산다. 자기 욕구를 충족시켜야 행복한 삶을 살게 된다고 믿기 때문이다. 자신만을 위해 살면 개인적, 이기적이 된다. 모두가 그렇게 살면 세상이 망하는 줄 알면서도 이기적인 욕구는 도덕적 가치를 늘 이긴다. 크고 작은 분쟁이 끊임없이 일어나는 이유다.

자신의 욕구가 소중한 만큼 상대의 욕구도 인정해야 하며, 상대에게 양보를 바랐다면 자신도 한발 물러나야 한다. 이것이 조율이다. 피아노를 조율할 때, 먼저 기준이 되는 건반 한 개의 음을 맞춘 뒤 그 음에 따라 옆에 있는 건반들을 손보기 시작한다. 그렇게 여든여덟 개의 건반 전체를 조절해서 음정을 조화롭게 만든다.

적절할 때 필요한 말

줄넘기 연습을 더 하라는 담임 선생님의 지도를 전해 듣고 늦저녁 놀이터로 나가 줄넘기하는 아이를 지켜보았다. 과연 지적받을 만했다. 아이는 줄이 걸리는 이유도 모른 채 성급하게 스무 개만 채우려고 했다.

아이: 줄에 자꾸 걸려서 스무 개까지 못 하겠어요.

나: 최선을 다했는데 잘 안 돼?

아이: 정말 열심히 했는데도 자꾸 걸려서 안 돼요.

나: 아빠가 보기엔 줄 넘는 게 너무 급해.

아이: 천천히 하면 줄이 안 넘어가요.

나: 줄넘기는 한 번 성공해야 그다음에 기회가 또 생기는 거야. 스무 개가 중요한 게 아니야. 한 번 할 때 최선을 다해 넘어야 해. 그래야 다음에도 기회가 오거든.

목표 스무 개가 아닌 한 개를 먼저 성공하라고 했더니 성급함은 사라졌고, 펄쩍 뛰어 여덟 개까지 성공했다. 물론 체력이 금방 떨어졌지만, 넘기는 요령을 터득한 뒤엔 스무 개에 근접하게 넘었다. 아이가 벅차했던 목표 스무 개가 아닌 한 개만이라도 넘어보도록 생각을 전환시킨 결과였다.

틀 밖으로 나오도록 하는 말이 사람을 세워준다. 저자는 계속 안 된다고 하는 아이에게 마냥 '할 수 있어.', '좀 더 해보자.'라고 말하지 않았다. 성경은 이를 **"적절할 때 필요한 말"**(엡 4:29)로 설명한다. 틀 안에만 갇혀 있으면 노력하기를 포기하고 실패를 쉽게 받아들여 체념하게 된다.

계속 떨어지는 취준생에게 '힘내!'라는 말은 이제 그만하

자. 대신 밥 사 먹으라고 '용돈'을 주자. 통 크게 넉넉히 줘보자. 베푸는 것도 흔치 않은 기회다. 큰 은혜를 받으면 진짜 힘이 난다. "공부하고 이걸로 밥 사 먹어. 얼마 안 돼서 미안해. 난 갈게, 다음에 봐."

저자는 교회에서 청년들을 지도하는데, 예나 지금이나 대학생들이 겪는 고민은 유사하다. '앞으로 뭘 해야 할까?' 이들에게 "기도하자."라는 말도 물론 하지만, 미래가 불투명해 불안한 청년들에게 해주는 말이 따로 있다. "살면서 궁금하고 호기심 가는 일이 생길 거야. 직접 그 문제를 풀려고 덤비다 보면 그게 네 일이 될 가능성이 커."

툭 던진 말이 트라우마로

상대를 부정하는 말은 오랫동안 상처로 남는다. 컬럼비아 대학 르네 헨(René Hen) 신경과학 교수 연구팀에 의하면, 인간의 뇌는 생존에 꼭 필요한 정보를 먼저 인식하는데, 충격적인 일을 겪었을 때 받았던 긴장, 불안, 공포는 중요한 정보로 판단해서 뇌에 저장해둔다고 한다. 그리고 그와 비슷한 사건과 마주하면 자신을 보호하기 위해 그때의 기억을 본능적으로 꺼낸다고 한다. 힘든 기억들이 머릿속을 자꾸 맴돌아 PTSD(외상 후 스트레스 장애)가 되는 것이다. 잊을 만하면 다시 생각나기 때문에 PTSD는 치료하기 어렵다고 한다. 같은 이유로 폭언도 기억에서 쉽게 사라지지 않는다.

"네가 해봤자 시간 낭비야, 관둬."
"너 때문에 매일매일 스트레스야."
"칠렐레팔렐레하고 다니니까 또 물을 쏟았지."
"넌 왜 맨날 그렇게 해?"
"멍하게 있다간 평생 백수로 사는 거야."
"열심히 설명해줘도 이해 못 할 것 같아서요."
"너도 그렇고 너희 집안 사람들 모두 성격이 이상해."

기억 속에 깊게 박힌 상처주는 말 한마디가 족쇄처럼 옥죄고 영영 감옥 밖으로 빠져나가지 못하게 만든다.

도덕적인 말도 나쁜 말이 될 수 있다. '고객 만족'을 명분 삼아 일부 기업들은 불공정한 약관을 설정한다. 사기를 전략이라고 포장하고, 친분을 이용해 관계를 해치는 말을 한다. 좋은 의도로 들리지만 잘못을 정당화하려는 위선적인 말을 한다.

"다 널 위해 그랬던 거야."

"너니까 해주는 말이야."
"너 잘되라고 하는 말이야."
"에이, 우리끼리 왜 그래?"
"우리가 남이야?"
"의리 좋다는 게 뭔지 알잖아."

호의를 베푸는 척하고, 해결책으로 포장하고, 친분을 이용해 잘못을 덮거나 옹호하기도 한다.

"그 정도까지 할 사람은 아닌데."
"그럴 사람이 절대 아니야."

조언, 자격을 갖춘 말

착한 말로 들리지만 악의가 숨어 있다면 나쁜 말이다. 성경은 착한 말과 나쁜 말의 기준을 '덕'(德)으로 제시한다. 성경에서 '덕을 세운다'는 말은 성전을 '건축한다'는 뜻이다.

공간을 상상하고, 상상의 과정을 현실로 실현하는 것이 건축이다. 건축물은 다양한 도전과 열정, 엄청난 노력과 땀은 물론 잦은 설계 변경 등 말할 수 없는 요소들이 합쳐져서 나온 거

대한 작품이다.

나쁜 말은 얕은 생각에서 나온다. 덕을 세우는 말은 건축하는 것처럼 긴 시간, 훈련과 시행착오에서 나온다. 각고의 노력으로 높은 건물이 세워지듯, 신중하고 사려 깊은 말은 품격을 높여준다.

말공부도 마찬가지다. 대화법은 건축과 같다. 다층집을 짓는 것도 최소 몇 년이 걸린다. 다 지어도 끊임없이 유지 보수를 해야 한다. 백 년 된 건물이 건재할 수 있는 건 유지 보수를 꾸준하게 해왔기 때문이다. 나이가 드는 만큼 말도 계속 다듬고 훈련해야 누군가에게 조언해줄 자격도 생긴다.

기업을 이룬 원로들의 뼈 때리는 인생 조언을 떠올려보자. 한결같이 꾸준히 노력했다고 말한다. 어려움을 이겨낸 시간만큼 이들에겐 지혜와 경험이 쌓여 있다. 젊은이들이 부족한 게 뭔지, 뭘 해야 할지 보이기 때문에 성경에서 말하는 "적절한 때에 필요한 말"을 해줄 수 있다.

상대 중심으로 생각하고 말하기

"예수께서 그 여자에게 말씀하셨다. 딸아, 네 믿음이 너를 구원하였다. 안심하고 가거라. 이 병에서 벗어나서 건강하여라."⁽막 5:34⁾ 12년 동안 혈우병을 앓던 여자를 예수님이 고치셨다. "예수께서 그에게 말씀하셨다. 가거라. 네 믿음이 너를 구원하였다. 그러자 그 눈먼 사람은 곧 다시 보게 되었다. 그는 예수가 가시는 길을 따라나섰다."⁽막 10:52⁾ 시각장애인 바디매오의 눈을 예수님이 뜨게 하셨다.

이들 이야기에서 예수님은 '내 능력'이 너를 고쳤다고 말하지 않았다. '너의 믿음'이 너를 살렸다고 말씀하셨다. 상대를 중심에 두고 세워주는 말로 생명을 살리는 기적을 이루셨다.

오래전, 저자는 지하철역 계단을 내려가고 있었다. 그때 행색이 초라한 남자가 팔을 덥석 잡았다. 순간 '아, 잘못 걸렸다.'라고 생각했다. "콜라, 콜라……." '응? 콜라를 사달라는 건가?' 싶어서 뿌리치려던 차에 그가 거친 손으로 동전들을 내밀었다. 그리고 무언의 눈빛을 보내왔다.

상황을 직감한 저자는 그 돈을 받아서 계단을 뛰어올라 편의점부터 찾았다. 당시엔 그 흔한 편의점 하나 보이지 않았다. 결국 백화점 지하 식품관까지 내려가 콜라를 사 들고 와 간신히 그에게 건넸다.

돌아서면서 너무 부끄러웠다. 멀쩡한 사람을 무시했기 때문이다. 그는 돈이 있었지만 몸이 불편해서 음료를 사러 가지 못했던 것이다. 오히려 필요할 때 요청할 줄 아는 지극히 건강한 사람이었다. 자신의 부탁을 들어달라는 그의 간절한 눈빛만큼은 맑고 또렷했다. 그는 표정으로 말했다. '당신 아니면 사다줄 사람이 없어요.' 자신의 심부름을 해줄 정도로 그는 나를 친한 이웃으로 여겨야만 했다.

나와 함께하는 사람에게 시선을 고정해보자. 몸이 불편해 콜라를 부탁했던 사람처럼 누구나 말 못 할 사정을 가지고 있다. 상대의 사정을 이해하면 편견도, 무례한 말도 절제가 된다. 적절한 때에 세워주는 말로 대화를 이끌어보자. 상대는 즉각 반응할 것이다. 반응을 감지했다면 '대화가 이런 거구나!' 하며 소통의 기쁨이 더해질 것이다.

"나쁜 말은 입 밖에 내지 말고, 덕을 세우는 데에 필요한 말이 있으면 적절한 때에 해서 듣는 사람에게 은혜가 되게 하십시오." (엡 4:29) 거친 말을 한다고 해서 자기주장을 관철할 수 있는 것도 아니고, 모든 상황에 적용되지도 않는다.

누군가에게 모욕을 주어 자신의 우월함을 드러내는 건 아주 비겁한 일이다. 내 말이 진심이라 할지라도 무례한 표현으로 말투가 험해지는 것을 경계하자. 성경이 말하는 대화는 나를 돋보이게 만드는 수준을 넘어 듣는 사람에게 초점을 맞추는 데 있다.

'이웃 사랑'은 내가 수단이 되고 상대가 목적이 되는 것이다. '상대 중심'으로 말하는 방식이 성경 대화법이다. 듣는 사람에게 '적절한 때에 필요한 말' 즉, 선물을 건네듯 말을 건넬 때 서로 은혜가 된다.

7 나와 상대의 격을 높이는 칭찬 습관

> 무슨 일을 하든지 경쟁심이나 허영으로 하지 말고, 겸손한 마음으로 하고, 자기보다 서로 남을 낮게 여기십시오.
>
> (빌립보서 2장 3절)

살면서 단 한 번도 칭찬받지 못한 사람은 없을 것이다. 그런데 하루에 칭찬 한마디 듣는 일은 왜 이렇게 어려울까? 우리 사회는 경쟁이 치열하고 지적도 잦아서 칭찬에 인색하다. 좋은 점보다 나쁜 점을 먼저 보고 추궁한다.

학교에서 돌아온 아이가 학급 부회장이 되었다고 자랑하자 누군가는 "축하해."라고 하지만 누군가는 "왜 회장이 못 됐니?"라고 따진다. 시험에서 열 문제 중 여덟 문제를 맞혔는데,

누군가는 "여덟 개나 맞혔구나."라고 하지만 누군가는 "왜 두 개나 틀렸니?"라고 묻는다. 이처럼 인정이나 칭찬보다 추궁이 먼저 나온다면, 상대는 기가 죽고 잔뜩 주눅이 들기 마련이다.

왜 우리는 칭찬에 인색한 걸까? 인간은 본능적으로 칭찬보다 질투가 앞서기 때문이다. 가족, 형제, 친구, 이웃 등 친밀한 관계조차 간혹 경쟁자로 여기기도 한다. 이러한 사례는 성경 창세기에 기록된 가인과 아벨 이야기에도 등장한다. 형 가인과 동생 아벨은 여호와께 제사를 지냈는데, 여호와께서 아벨의 제물은 받으시고 가인의 것은 받지 않으셨다. (창 4:4-5) 이에 가인은 자신이 인정받지 못했다고 여겨 아벨을 시기하고 질투한 끝에 살해했다. 에덴동산에서 일어난 인류 최초의 살인이었다. 이렇듯 질투는 인간관계를 무너뜨리고 파탄에 이르도록 만든다.

부러우면 지는 걸까?

우리는 자기가 갖지 못한 것을 가진 사람을 보면 부러워한다. 직장 동료가 두드러진 성과를 내거나 지인이 돈을 잘 벌면 샘이 난다. 이는 매우 자연스러운 반응이다. 보통은 질투를 부정적인 감정으로 여기지만, 어떻게 활용하느냐에 따라 자기 성장을 위한 좋은 발판이 된다.

이를 위한 가장 쉬운 방법은 우선 상대의 업적을 감탄의 말로 바꾸는 것이다. 감탄은 말하는 사람의 놀라움이나 기쁨 등의 감정을 표현하는 방법 중 하나다. 그래서 솔직한 감탄은 스스로에겐 열등감과 질투를 줄여주며, 상대에겐 훌륭한 칭찬이 된다.

"어려운 시험이었는데, 합격 축하합니다!"
"제가 보기에도 쉽지 않던데, 훌륭한 결과물을 만들어내셨죠!"
"항상 제일 먼저 출근해서 업무 준비를 하시네요. 정말 부지런하십니다!"
"학급 부회장 된 거 축하해! 앞으로 즐겁게 학교 다닐 수 있겠다!"

우리는 가정과 학교, 직장에서 매 순간 평가와 비판을 받는다. 칭찬보다는 지적이나 고쳐야 할 점들이 더 많이 언급되다 보니, 웬만한 것으로는 칭찬을 받기 어렵다. 칭찬이 부족한 자리는 지적과 비판이 차지한다. 게다가 비판은 비난으로 변질되기 쉽고, 비난은 하면 할수록 악해져서 결국 갑질로 표출

되기 쉽다.

'칭찬 습관'을 익힌다

칭찬을 듣지 못하니 칭찬하는 방법도 모른다. 그렇다고 이제껏 했던 평가와 비판을 하루아침에 칭찬으로 바꿀 수도 없다. 칭찬도 습관이자 학습이다. 칭찬도 배우면 능히 할 수 있다. 이때 가장 좋은 방법이 바로 관심이다. 칭찬의 부재로 인색해진 관계는 관심으로 회복할 수 있다. 관심에는 상대에 대한 존중이 깔려 있기 때문이다. 만약 칭찬이 서툴거나 쑥스럽다면 상대의 변화를 알아보고 표현하는 것도 좋은 방법이다.

"머리 모양이 바뀌었네요."
"오늘 의상이 PT 발표와 너무 잘 어울렸어요."
"표정이 좋아 보여요."

존재감, 무게감, 책임감 같은 말을 함께 쓰면 칭찬의 효과가 더욱 커진다.

"발표하실 때 팀장의 존재감이 그대로 드러나던데요."

"이번 프로젝트 담당자에게 거는 기대가 매우 큽니다. 이번에도 잘해주실 거라 믿습니다."

"당신의 책임감 있는 모습에 팀원들이 큰 용기를 얻었습니다."

칭찬을 듣는 사람은 상대에게 존중받고 있다고 느끼게 되고, 자기존재감을 확인받게 된다. 그리고 칭찬을 하는 사람에게도 놀라운 변화가 일어난다. 우선 긍정 에너지가 쌓인다. 상대나 상황에 대한 비난은 줄어들고 격려하는 좋은 습관이 생긴다. 대화를 즐기는 상대로 인해 마음도 즐겁고 새로워진다. 상대에게 건넨 칭찬은 그대로 자신에 대한 칭찬이 되고, 어느새 매력적인 사람이 되어 있다.

나보다 남을 낫게 여긴다

그렇다고 모든 칭찬이 좋은 건 아니다. 과한 칭찬은 가끔 독이 되어 우리의 성장을 방해한다. 칭찬으로 자신의 가치를 확인받으려고 하면 인생의 목표를 놓칠 수도 있다. 심해지면 성경에서 언급한 가인처럼 삶의 목적을 잃게 된다.

과한 칭찬을 받았다면 그 성과를 자신과 함께한 사람들

에게 돌리는 건 어떨까? 2005년 청룡영화제에서 배우 황정민은 영화 「너는 내 운명」으로 첫 남우주연상을 받았다. 그의 수상 소감은 대중에게 큰 감동을 주었고, 지금까지도 회자되고 있다.

"사람들에게 저는 일개 배우 나부랭이라고 말합니다. 왜냐하면 60여 명 스태프들이 차려놓은 밥상을 저는 맛있게 먹기만 하면 되기 때문입니다."

그는 영화를 찍으며 고생했던 모두에게 수상의 영광을 돌렸다.

"무슨 일을 하든지 경쟁심이나 허영으로 하지 말고, 겸손한 마음으로 하고, 자기보다 서로 남을 낫게 여기십시오." (빌 2:3) 성경은 자기보다 남을 낫게 여기라고 말씀한다. 오늘의 내가 있기까지 나를 지원하고 도와준 이들에게 감사를 표하자. 절대 혼자 힘으로 여기까지 온 것이 아니다. 부모, 배우자, 자녀, 동료, 지인 등 분명 누군가의 결정적인 도움이 있었기에 가능했다. 누군가의 칭찬과 인정에 스스로 우쭐해질 때면 그들의 존재를 드러내고 감사를 전하자.

"여러분 모두 고생한 덕분입니다. 우리가 가장 훌륭한 팀이라고 자부할 수 있습니다."

"당신이 없었으면 나는 결코 해내지 못했을 거예요."

"이번 프로젝트에서 당신이 결정적인 역할을 하셨어요."

명성을 쌓을 궁리만 하면 격려가 인색해진다. 인정 욕구가 앞서면 전체를 돌아보지 못한다. 화려한 칭찬은 감사함을 잊게 만든다. 그러니 칭찬을 받으면 주저하지 말고 기쁜 마음으로 주위에 그 공을 돌리자. 책임감 있는 사람은 자신이 얼마나 많은 관심을 받는지 신경쓰지 않는다. 예수는 자신을 따르려는 많은 무리를 피해다니셨다. 마찬가지로 책임을 다하는 사명자는 자신의 목표를 향해 흔들림 없이 전진할 뿐이다.

8
감사는 인생의 리셋 버튼

> 모든 일에 감사하십시오.
> 이것이 그리스도 예수 안에서 여러분에게 바라시는 하나님의 뜻입니다.
>
> (데살로니가전서 5장 18절)

"이제부터 좋은 말만 해야지. 말로 상처주지 말아야지."

이런 다짐을 한다고 말투가 바로 고쳐질까? 인격으로 대화를 이끌기 위해서는 자신의 내면부터 살펴야 한다. 상대를 부정적으로 생각하면 친절해질 수도, 호감을 줄 수도 없다. 불평불만이 자신을 지배하고 있으면 온화한 말투가 나오지 않는다. 상대를 자비로 대해야 말도 다정하게 할 수 있다. 멋지고 예쁘게 바라봐야 기분 좋은 말을 하게 된다. '말 잘할 결심'보다 '맘 고칠 결심'이 따뜻하고 유쾌한 대화를 나누도록 이끈다. 그리고 항상 감사하는 마음은 우리의 언어를 고쳐준다.

축복은 내가 소중한 존재라는 깨달음에서

"두려워하지 말아라. 너희는 많은 참새보다 더 귀하다." (마 10:31) 하나님은 흔한 참새도 잊지 않고 기억하는데, 하물며 우리를 어찌 잊을 수 있겠냐는 말이다. 성경은 우리가 그만큼 가치 있고 사랑받는 존재라는 점을 알려준다. 서로를 비난이 아닌 축복과 감사의 대상으로 여기라는 뜻이다.

앞으로 살아갈 날이 있다는 것은 희망이 있다는 뜻이다. 연약함에 실망하지 않고 나를 빛내줄 무엇이 어딘가에 반드시 존재한다. 그것을 발견하는 일이 '희망 찾기'다. 가치를 찾는 일이야말로 자신을 축복하는 일이다. 자신이 빛나는 존재임을 발견하면 타인의 가치도 인정할 줄 알게 된다.

축복에는 여러 방식이 있는데, 그중 하나인 '격려'(encourage)는 라틴어 '심장'(cor)에서 유래되었다. '내 심장을 주어 뛰게 만든다, 온 맘을 다해 전한다.'는 의미다. 즉 망설이는 사람에게 강력한 드라이브를 걸어 동기 부여해주는 말이 격려다.

격려는 자신과 가까운 사람에게 하면 효과가 배가 된다.

그리고 성경에는 많은 격려와 위로의 말씀이 담겨 있다. 특히 우리가 두려워할 때 적극적으로 믿음과 용기를 준다. 자신의 능력으로 할 수 없다고 생각할 때, 해보지도 않고 겁부터 낼 때 "내가 너와 함께 있으니, 두려워하지 말아라. 내가 너의 하나님이니, 떨지 말아라. 내가 너를 강하게 하겠다. 내가 너를 도와주고, 내 승리의 오른팔로 너를 붙들어주겠다." (사 41:10)라는 축복의 말을 건넨다.

기억하라, 감사의 말은 인생을 바꾼다

성경은 "모든 일에 감사하십시오." (살전 5:18)라고 말씀한다. 감사는 선택이 아니라 필수이다. 우리는 큰 선물을 바라다가 날마다 받는 작은 선물을 잊곤 한다.

UC 데이비스 대학의 로버트 에몬스(Robert Emmons) 교수는 학생 192명을 두 그룹으로 나누어 10주 동안 일기를 쓰게 했다. 한 그룹은 감사했던 일 위주로, 다른 그룹은 괴로웠던 일 위주로 쓰게 했다. 두 달 후, 감사 일기를 쓴 그룹의 75퍼센트가 다른 집단에 비해 행복 지수가 높게 나타났다. 이들은 숙면했고, 더 많은 운동을 했고, 업무에서 좋은 성과를 냈다. 감사 일기가 치유의 도구로 기능하는 것을 확인시켜 줬다.

또 스트레스를 받을 때 '감사'해 하면 뇌가 '리셋'되는 효과가 있다는 연구 결과가 나왔다. 마이애미 대학 심리학 교수 마이클 맥컬러프(Michael McCullough)는 감사가 주는 과학적 변화를 확인했다. 불안, 분노, 우울 같은 부정적 감정을 느낄 때는 오른쪽 전전두피질이 활성화되는 반면, 열정, 긍정, 활력 같은 긍정적 감정을 느낄 때는 왼쪽 전전두피질이 활성화되어 스트레스가 완화된다. 이것이 뇌의 '리셋 버튼'을 누르는 효과다. 그러니 지금부터라도 근심, 걱정, 두려움이 뒤섞여 포기하고 싶은 상태라면 '감사 리셋'을 작동시켜 보자. 그간에 감사했던 일들을 떠올리는 것이다. 감사의 첫 번째 수혜자는 자신이라는 점을 기억하자. 사회가 점점 혼란해지는 이유는 우리에게 감사가 없기 때문이다. 이처럼 "모든 일에 감사하십시오."라는 성경 말씀에는 과학적 논리가 숨어 있다.

지금 바로 주변에 감사의 말을 하자. 일상을 떠올리며 감사의 혼잣말을 해도 좋다. '감사합니다.'라고 말하는 것은 감사 일기를 쓰는 것보다 쉽고 빠르다. 인생을 바꿔주는 축복과 감사의 말을 아낌없이 표현하자. 매일매일의 감사는 당신 인생의 리셋 버튼이자 삶의 '치트 키'(cheat key)가 되어줄 것이다.

9

사람의 변화를 끌어오는 말

> 너희 가운데서 죄가 없는 사람이 먼저 이 여자에게 돌을 던져라.
>
> (요한복음 8장 7절)

살면서 누군가는 이끄는 이가 되고, 누군가는 따르는 이가 된다. 이번 장에서는 수많은 이들의 삶을 '변화시키고 일으켰던 말과 태도'에 대해 이야기해보고자 한다. 예수는 제자들이 사명에 헌신하도록 그들과 함께 다니며 가르치셨다. 예수께서 제자들을 헌신하는 '사명자'로 키워낸 대화법은 탁월한 리더가 되고자 하는 이들에게 좋은 길잡이가 된다.

대화를 이끌어가는 능력은 리더가 갖춰야 할 중요한 자질이다. 존경받는 리더는 '자기중요감'을 요구하지 않는다. 자기중요감이란 중요한 존재로 인정받고 싶은 욕구로, 주변의 관심을 자신에게 향하도록 하는 것이다. 그리고 좋은 리더는 '거봐, 내 말이 맞지?' 같은 자기중요감보다 '자네, 정말 대단하군!' 같은 상대의 자기중요감을 키워주는 말을 먼저 생각한다. 훌륭한 팀장은 팀원들이 계속 성장할 수 있도록 과감하게 일을 맡기고 그들의 의견을 경청하며 자기중요감을 키워준다.

그럼 지금부터 예수의 네 가지 대화법에 대해 알아보자.

첫째, 상대의 자기존재감을 인정한다

예수님은 갈릴리 해변에서 아무것도 잡지 못한 어부 베드로에게 다가간다. "내가 너희를 사람을 낚는 어부가 되게 하겠다." (막 1:17) 어부에게 사람을 낚으라니! 그 의미를 깊이 알지 못하고 지내던 베드로는 예수가 체포되자 그를 모르는 사람이라고 배신한다. 죽음에서 부활한 예수님은 사람 낚는 어부가 되지 못한 베드로에게 다시 찾아가 말씀하신다. "네가 나를 사랑하느냐? 내 양 떼를 먹여라." (요 21:17) 부끄럽고 초라한 존재가 된 베드로에게 다시 사명을 주신 것이다.

이처럼 예수님은 상대에게 존재 이상의 가치를 부여하신

다. 그리고 자신을 가치 있는 존재로 여겨주면 자기존재감이 충족된다. 훗날 베드로는 복음을 설교하여 삼천 명 이상이 회개하고 세례를 받도록 한다. (행 2:41) 말씀대로 정말 사람 낚는 어부가 된 것이다.

상대의 자기존재감을 인정하는 말은 어렵지 않다. 있는 그대로 받아들이면 된다. 익숙하지 않다면 이런 마음으로 상대를 바라보자.

"당신은 정말 뛰어난 능력을 가지고 있어요!"
"당신의 노력 덕분에 우리 팀이 큰 성과를 이루었어요."
"당신의 의견은 매우 일리 있어요."
"함께 고민해봅시다."
"당신은 나에게 큰 영감을 주었어요."

둘째, 선한 감정으로 대한다

예수님은 간음한 여인을 붙잡아 온 무리들에게 말한다. "너희 가운데서 죄가 없는 사람이 먼저 이 여자에게 돌을 던져라." (요 8:7)

이 말씀은 범죄자들이 악용하는 성경 구절이기도 하다. "예수도 정죄하지 않는데 네가 뭔데 내 죄를 갖고 왈가불가하냐, 너희들은 떳떳하냐!"고 큰소리친다. 얼핏 보면 이들의 말이 맞는 것처럼 들린다. 하지만 예수님은 이들의 행위가 '악한 동기'에서 비롯됨을 간파했다. "그들이 이렇게 말한 것은, 예수를 시험하여 고발할 구실을 찾으려는 속셈이었다." (요 8:6) 악한 동기는 분노, 증오, 시기, 경쟁 등의 감정을 유발한다. 타인에게 피해를 주고 사회적 문제를 일으킨다.

악한 감정으로 상대의 잘못을 지적하는 행위는 상대의 인격을 통째로 부정하는 일이기도 하다. 예수는 간음한 여인을 그 당시 '모세의 율법'대로 처형하지 않고 용서했다. 분노의 감정으로 대하지 않았다. "나도 너를 정죄하지 않는다. 가서, 이제부터 다시는 죄를 짓지 말아라." (요 8:11) 예수님은 여인의 죄를 단호하게 지적하면서도 그녀의 자존감에 상처를 주지 않았다.

상대를 얕보거나 부정하는 감정은 무의식중에 말과 행동으로 여실히 드러난다. 그리고 그런 말을 들은 상대는 자존감이 바닥으로 떨어지고, 행동이 움츠러들 수밖에 없다. 그러니 혹여 자신도 모르게 이런 말을 하는 건 아닌지 항상 꼼꼼하게 살펴야 한다.

"그거 하나 아직 제대로 못 해요?"
"당신이 하는 일이 뭐가 있다고?"
"정신 좀 차려요. 생각 좀 하고 삽시다."
"그것도 모르니까 말이 안 통하는 겁니다."
"하아, 놔두세요. 그냥 제가 할게요. 그게 빠르겠어요."

부정적인 감정에서 흘러나온 말은 그대로 자신의 귀에 다시 흘러든다. 자신을 선한 마음으로 보고 싶다면 상대 역시 선한 마음으로 대해야 한다.

셋째, 스스로 깨닫는 힘을 길러준다

3년을 같이했던 제자들에게 예수님이 직접 묻는다. "너희는 나를 누구라고 하느냐?" (막 8:29) 그동안 보고 배운 바를 생각해 제자들에게 스스로 답을 찾도록 길을 열어준다. 뿐만 아니라 예수는 제자들의 사명도 스스로 깨닫게 이끈다. "나를 믿는 사람은 내가 하는 그 일도 할 것이요, 그보다 더 큰일도 할 것이다." (요 14:12) 복음을 직접 전해보고 예수 자신보다 더 큰일을 하도록 도전을 주셨다.

탁월한 리더는 문제를 스스로 해결하도록 만든다. 잡코리아가 2022년, 20-30대 남녀 직장인 485명을 상대로 이직하는 이유에 대해 설문했다. 응답자 중 가장 많은 60.2퍼센트가 '이직을 통해 새로운 업무 관련 기술과 경험을 배울 수 있어서'라고 답했다. 결과가 말해주듯, Z세대의 가장 큰 특징은 '성장 욕구'이다. 이들은 자신의 발전, 실력, 전문성을 쌓는 것을 우선시한다. 훌륭한 리더는 가능성이라는 여백에 커리어를 채울 수 있도록 밀어주는 사람이다.

다음은 목표를 스스로 정하고 성취하도록 돕는 말들이다.

"이번 프로젝트 결과물도 늘 그렇듯 완성도가 수준급이더군요. 다음 프로젝트도 기대됩니다."

"승진을 축하합니다. 지금처럼 앞으로도 후배들에게 귀감이 되는 선배가 되어주세요."

"당신 덕분에 우리 팀의 가치가 올라갔습니다. 함께 일할 수 있어서 영광입니다."

넷째, 어떤 말도 늘 귀 기울여 경청한다

칠흑 같은 밤, 제자들이 탄 배가 거센 물결로 인해 어려움에 처했다. 목숨이 위태한 상황, 저 멀리 귀신 같은 것이 다가오는 게 아닌가! 가까이 다가오는 형체를 본 제자들은 겁에 질려 "유령이다!"라며 소리를 질렀다. "나다. 두려워하지 말아라." 예수님이었다. 겨우 한숨 돌린 베드로가 갑자기 어이없는 말을 꺼냈다. "주님이라면 나도 물 위로 걸어서 당신께 가게 해주십시오." (마 14:28) 죽다 겨우 살았는데 예수님처럼 자신도 물 위를 걷게 해달라니……. 솔직히 내가 예수님이었다면 "딴소리 그만하고 어서 붙잡기나 해!"라고 말하지 않았을까? 하지만 그랬다면 진정 전하고자 하는 것을 전하지 못하고, 듣고자 하는 것도 듣지 못했을 것이다.

진심으로 상대와 소통하고 싶다면, 예상치 못한 '황당한 말'을 들었더라도 우선 하고 싶은 말을 잠시 멈추고 상대가 그런 말을 한 사정을 헤아려본다. 분명 그렇게 말한 사정이 있을 것이다. 대화하다 보면 언제든 감정적으로 반응할 수 있다. 어처구니없다는 건 내 판단이지, 상대는 지극히 당연한 반응일 수 있다. 성급함을 버리고 한숨을 돌리다 보면 황당한 말 안에 담긴 핵심을 볼 수 있다.

"그걸 지금 말이라고 해?"

"그걸 생각이라고 하냐?"

"미친 거 아니야?"

    황당한 말을 듣고 바로 신경질부터 내지 말자. 무의식적으로 나오는 비난의 말, 그 무례함이 바로 지금 자신의 얼굴이다. 직관적이고 감정적으로 반응하지 말고 말의 바닥을 들여다보려고 의식적으로 노력하다 보면 자연스레 상대를 존중하게 된다.

공감,
온기를 나누는 말

10 상대의 감정을 인정하는 말

> 나는 이집트에 있는 나의 백성이 고통받는 것을 똑똑히 보았고, 또 억압 때문에 괴로워서 부르짖는 소리를 들었다.
> 그러므로 나는 그들의 고난을 분명히 안다.
> (출애굽기 3장 7절)

우리는 자신의 행동과 선택을 정당화하기 위해, 자신을 방어하기 위해 거칠고 무례한 말을 한다. 하지만 상대를 비방한다고 일이 해결되는 건 아니다. 격한 감정으로 말하면 듣는 상대에게도 악한 감정이 싹튼다. 부부 싸움에 승자가 없는 이유는 서로 감정으로 대립하기 때문이다. 그렇다고 논리로 설명한다고 해서 내 의견이 인정받는 것도 아니다. 상대가 곧바로 다른 논리를 내세워 반박하기 때문이다.

논리와 감정 사이에는 '말투'가 존재한다. 말투를 거칠게 또는 온화하게 사용하느냐에 따라 대화의 분위기는 달라진다. 상대의 정서를 고려해서 말하면 대화가 한결 수월해지며, 원하는 방향으로 대화를 주도할 수도 있다.

이처럼 상대의 정서를 헤아려주고 마음을 얻는 것이 '위로'다. 누구나 자신의 약점을 숨기고 싶어 한다. 그러나 얘기를 나누다 보면 단점은 드러나기 마련이고, 약한 부분을 지적당하면 도리어 사납게 공격하기도 한다. 이럴 땐 재빨리 말 속에 녹아 있는 상대의 상처를 포착해서 다음처럼 말해보자. "당신도 저를 위해 많이 노력하는 걸 알아요. 앞으로 저도 노력할게요." 센스 있는 말투만으로도 상대는 귀를 열어준다. 그리고 자신의 약점에 집중하는 게 아니라 상대에 집중하게 된다.

가족의 마음은 몰라도 된다고

같이 살면서 이혼을 생각해보지 않은 부부는 거의 없을 것이다. 사랑해서 결혼했는데 싸우고 미워하다니! 세상에서 제일 기분 나쁜 게 부부 싸움이다. 혹자는 배우자를 '로또'라고 하는데, 징그럽게 맞지 않아서란다.

결혼에 대해 성경은 말한다. "사람이 부모를 떠나 자기 아내와 합하여 그 둘이 한 몸이 되는 것입니다."(엡 5:31) 부부가 한 몸이 되었다는 것은 서로의 정서를 돌봐야 할 책임이 있다는 뜻이다.

상대의 매력에 이끌려 뜨겁게 연애했는데 성격 차이로 헤어지기도 한다. 적도의 온도보다 높았던 그때의 뜨거움이 '정서적 친밀감'이다. 그 친밀감이 식으면 성격 차이가 드러난다. 남편이 기쁠 때 아내도 즐거워하고, 아내가 속상할 때 남편도 안타까워해야 하지만 거의 안 된다. 안 되기 때문에 성경 말씀대로 해보라는 것이다. 그래야만 부부로 살아갈 수 있다.

맞는 말일수록 듣기 싫고, 하기도 싫다. 성경은 이러한 인간 본성을 꿰뚫는다. 자기 뜻대로 사는 것이 아니라 '진리'의 말씀을 따르도록 우리에게 의무와 책임을 부여한다.

아내의 고단한 표정을 읽고 '육아로 지쳤구나.'라고 생각만 하지 말고 할 수 있는 일을 재빨리 찾아서 움직이자. 공감은 듣는 것으로 끝나지만 존중은 몸을 써야 할 때도 있다. 연애가 뜨거웠던 감정이라면 결혼은 자신을 희생하는 것이다.

상대의 감정을 읽지 못하는 이유는 우리가 '남 탓'하는 것에 익숙하기 때문이다. 문제는 나에게 없고 남에게 있다고 생각하는 데 있다. 상대에게 가졌던 편견을 더해 잘못을 지적하다 보면, 상대가 화난 이유는 들으려 하지도 않고 이해해줄 생각도 없다.

> 남편: 당신이 안 사도 될 걸 계속 사니까 이번 달도 적자잖아.
> 아내: 다 애한테 들어가는 돈이야. 학원은 보내야 하잖아. 당신한테 들어가는 돈은 생각 안 해? 당신 사업 시작한다고 대출받은 건 어쩔 건데?
> 남편: 또 나 때문이지? 왜 모든 게 내 잘못이야?

부부가 서로 상대의 잘못이라는 말로 책임을 떠넘기면 통제되지 않는 감정 싸움으로 번지고 만다. 부모 역시 아이에게 '너 때문에'라는 죄책감을 심어주어 정서를 불안하게 만든다.

> "밖에서 계속 놀기만 하니까 또 감기 걸려왔잖아. 너랑 병원 가는 것도 힘들어."
> "너 데려다주느라 출근 시간 늦겠어. 어제도 그랬잖아."

감정은 읽고 다스리고 누그러뜨리는 것이다. 폭발시키는 순간, 자폭일 뿐이다.

화해 다음 해야 할 일

화해의 신호를 먼저 보내면 상했던 감정도 오히려 쉽게 풀린다. 다가가 손 먼저 내밀자. 하기 싫은 것, 불편한 것도 해야 존경받고 성공한 사람이 된다. 먼저 다가가지 않으면 불편한 감정은 절대 사라지지 않는다. 끝내 앙숙이 된다. "그러므로 너희 죄를 서로 고백하며 병이 낫기를 위하여 서로 기도하라. 의인의 간구는 역사하는 힘이 큼이니라." (약 5:16) 당신의 사과를 받지 못하면, 상대는 훌륭한 사과가 어떤 것인지 어쩌면 평생토록 모를 수 있다.

"욱하고 소리 질러서 많이 놀랐지? 나 스스로가 너무 창피했어. 미안해."
"너 데려다줄 때 제일 행복해."

당신의 사과로 상대는 서운했던 감정이 풀린다. 이제 서로의 잘잘못을 가리는 일은 없다. 싸울 때 이미 다 했다. 화해했으면 서로의 사정을 들어 보자. '왜 내가, 당신이 그럴 수밖에 없었는지' 서로 몰랐던 얘기를 할 것이다. 몰라서 오해했던 사정을 이해해야 비로소 화해와 용서가 진정한 의미를 갖는다.

"나는 이집트에 있는 나의 백성이 고통받는 것을 똑똑히 보았고, 또 억압 때문에 괴로워서 부르짖는 소리를 들었다. 그러므로 나는 그들의 고난을 분명히 안다." (출 3:7) 하나님은 자기 백성들이 이집트에서 노예로 고통받는 모습을 외면하지 않으셨다. 백성들의 아픔을 보고, 듣고, 아는 것으로 그들의 처지를 불쌍히 여겼고, 자신의 인격을 보여주셨다. 하나님은 자녀들의 고통에 공감의 수준을 넘어 관심을 기울였다. 누군가를 도와줄 생각으로 자신의 마음을 열어야 생기는 것이 관심이다. 그 자리에서 듣고 끝나는 공감과는 다르다. '보고, 듣고, 아는' 관심으로 상대의 힘든 처지를 헤아려보자.

> 보다: 힘든 시기일 텐데 잘 이겨내고 있네요.
> 듣다: 직접 들어 보니 얼마나 어려웠을지 이제 알았어요. 그동안 내가 너무 관심이 없었네요.
> 알다: 일하느라 집에도 못 들어가고……. 여러분이 고생한 덕분에 입찰에 성공했습니다. 여러분의 노력과 수고는 제가 확실하게 보답하겠습니다. 고맙습니다.

이웃 사랑은 상대의 감정을 읽는 것에서 시작한다. 그러니 가족이라면 마땅히 처지를 살펴야 하고, 외침을 들어야 하고, 고통을 알아야 한다.

관심은 간혹 오지랖으로 오해를 살 수도 있다. 오지랖은 자기가 중심이 돼서 상대를 판단하지만, 관심은 상대가 원하는 방식으로 상대를 대한다. 상대의 아픔을 보고, 흐느낌을 듣고, 고통을 헤아릴 수 있다면 비로소 감정을 존중할 줄 아는 사람이 된 것이다.

11 호감을 불러오는 감정 언어

> 내가 너와 함께 있으니 두려워하지 말아라.
> 내가 너의 하나님이니 떨지 말아라.
> 내가 너를 강하게 하겠다.
> 내가 너를 도와주고 내 승리의 오른팔로 너를 붙들어 주겠다.
>
> (이사야 41장 10절)

성경은 논리에 근거한 책은 아니다. 그러나 법칙으로 설명할 수 없는 하나님의 신비가 인간의 사고를 압도하기에, 성경은 전 세계에서 39억 부(누적 부수 약 50~70억 부)가 팔린 명실상부 인류 최고의 베스트셀러가 되었다.

말씀의 신비를 경험하고 깨달을 때 기쁨, 슬픔, 사랑, 분노 등의 감정을 느끼고 치유와 회복이 일어난다. 하나님이 감정의 언어를 적극적으로 사용하는 이유는 그만큼 인간을 사랑과 구원의 대상으로 여기고 있기 때문이다. 율법처럼 논리와 법칙만을 적용했다면 우리는 이미 심판과 징계를 받았어야 했다.

창조주도 인간에게 소망과 회복의 수단으로 감정을 사용한다. 하늘 위 가장 높은 존재와 땅 아래 가장 낮은 존재가 말씀(언어)으로 만난다. 언어로 표현한 신비, 그 놀라운 감정이 하늘과 사람, 사람과 사람 사이를 엮어 사랑과 용서를 하게 만든다. 감격을 나누고 슬픔을 헤아리는 것, 즉 감정은 서로를 연결하는 가장 강력한 도구가 된다.

지식으로 포장된 말하기

인간관계가 어려워 고민을 많이 하지만, 막상 원인이 자신의 말투에 있을 거라고는 생각하지 못한다. 자신이 대화를 잘한다고 착각하는 이유는 다양하다. 첫째, 자신의 지위와 능력을 과대평가한다. 둘째, 지식이 출중하여 이를 활용하면 된다고 생각한다. 셋째, 높은 수준의 교육을 받아서 말에 논리를 적용할 줄 안다고 생각한다.

하지만 이런 능력들은 의사소통과 무관하다. 말을 잘한다고, 똑똑하다고, 많이 배웠다고 설득을 잘하는 건 아니다. 그런데도 굳이 쓰지 않아도 될 어려운 단어나 전문용어를 사용해 듣는 사람을 당황하게 만든다. 일부러 외국어를 섞어 쓰기도 한다. 게다가 논리에 자신 있는 사람들은 종종 감정을 무시하기도 한다.

　이런 사람들은 자신이 한 말에 상대가 이해 못 하겠다는 반응을 보이면 우월감을 갖는다. 자신이 상대보다 한 수 높다고 인지시키려는 의도도 담겨 있다.

　저자가 대학원 사무실에 용무가 있어서 들렀을 때였다. 교직원은 "선생님은 현재 일반대학원에 편재되어 있는 거, 확인하셨나요?"라며 다소 건조하게 물었다. 그 순간 저자는 '굳이 편재라는 말을 쓰네? 그냥 일반대학원 소속이 맞냐고 물어봐도 되지 않을까?'라고 생각했다. 그리고 교직원에게 이렇게 물어보고 싶었다. "어떤 편재 말씀인가요?" 편재는 서로 정반대의 의미를 가지고 있기 때문이다. 편재(遍在, 널리 퍼져 있음)와 편재(偏在, 한 곳에 치우쳐 있음)가 있다. 의미로 봐선 두 번째 뜻으로 말했을 것이다.

　말을 어렵게 하는 사람은 자신이 우월하다고 생각하겠지만, 사람들은 그의 말에 숨겨진 본심을 알고 있다. '지금 배웠다고 티를 내는 건가?' 아무리 배워도 모자란데 본인이 유식하다고 자랑하는 사람이라니, 대하기 껄끄러워 멀리하게 된다.

    자신의 지식으로 설명하지만 상대가 듣고 이해하기 어려운 말들도 있다. 광고회사 직원이 발표하면서 이렇게 말했다고 하자.

"이번 이벤트에서 귀 브랜드의 아이덴티티 강화를 위해 푸시 전략을 사용할 것입니다."

"콘텐츠 기획에는 UGC*를 유도하여 고객의 참여를 높일 것입니다."

    홍보를 의뢰한 기업의 임원들은 발표자의 말을 쉽게 알아듣지 못할 것이다. 전문 용어는 그 분야에 지식이 있는 사람들만 이해할 수 있기 때문이다. 그러니 지식을 지나치게 드러내는 것도 조심하자.

    면접관: 최근에 IT 관련 책이나 영화 중에 인상 깊었던 내용이 있다면요?
    면접자: 해외 '아티클'(article, 기사)을 읽은 적 있는데, 앞으로

---

* User-Generated Content, 사용자 생성 콘텐츠

대용량 서버뿐만 아니라 개인의 스마트 기기에서도 '멀티버스 시스템'이 적용된다는 것이 기억에 남습니다.

면접관: 그럼 멀티버스 시스템을 구현하기 위해서는 '아키텍처' 설계의 최적화가 필요할 텐데, 혹시 생각해 본 적 있을까요?

면접자: 네? 아키텍처 설계요?

전문가 앞에서 말해야 한다면 단어 선택도 겸손할 필요가 있다. 인간은 선천적으로 감정적이고 비논리적인 존재다. 그래서 감정을 활용하지 않고서는 대화를 이어갈 수 없다.

상대를 끌어당기는 '감정 언어'

우리는 정확한 논리와 근거가 있어야 상대를 제대로 설득할 수 있다고 생각하지만, 전혀 그렇지 않다. 지식만 가지고 대화하면 서로 오해와 갈등이 생긴다. 이럴 때 '감정형 서술어'를 사용해보자. 감정형 서술어에는 자신의 의지와 태도가 반영되어 있다. 그래서 정보를 보다 효과적으로 전달하고, 듣는 사람들도 신뢰를 갖게 되어 긍정적으로 수긍하게 된다.

하나님도 자신의 백성들에게 확신을 강조하는 감정 언어를 사용한다. 구약시대, 남 유다 백성은 전쟁 포로가 되어 비참한 생활을 하기 시작하지만*, 여호와 하나님은 그들에게 위로와 소망을 주고, 포로에서 해방될 것을 예언한다. "내가 너와 함께 있으니 두려워하지 말아라. 내가 너의 하나님이니 떨지 말아라. 내가 너를 강하게 하겠다. 내가 너를 도와주고 내 승리의 오른팔로 너를 붙들어주겠다." (사 41:10) 말씀 속 감정형 서술어는 차츰 고조된다.

두려워하지 말아라. 〈 떨지 말아라. 〈 강하게 하겠다. 〈 붙들어주겠다.

이 말씀을 통해 유다 백성들은 위로와 소망을 얻어 포로생활을 견뎌낸다.

"이번 발표 준비는 잘 되고 있나요?"라는 질문을 받으면 대부분 "네, 잘 진행하고 있습니다.", "열심히 하고 있습니다."

---

* 하나님이 아닌 다른 우상을 섬기며 범한 죄악으로 인해 '남 유다'는 바벨론과 바사 왕국에 의해 연이어 멸망을 당한다. 남 유다는 12지파로 이루어진 이스라엘 왕국이 분열되어 2지파인 유다와 베냐민을 중심으로 건국되었다. 나머지 10지파는 '북이스라엘'로 부른다.

라고 대답할 것이다. 그러나 일반적인 서술형 대답은 자신감과 의지가 약해 보인다. 평범한 대답은 전략적이지 못하다. 이런 대답은 노력을 많이 했음에도 불구하고 자신의 능력이 돋보일 수 없고, 상대의 마음을 사기도 어렵다. 그러니 힘찬 표현으로 문장을 끝맺어 확신을 주고 신뢰를 쌓도록 하자.

<u>추진하고 있습니다.</u> 〈 계속 <u>밀어붙이고 있습니다.</u> 〈 <u>끈질기게 하고 있습니다.</u> 〈 <u>전력투구하고 있습니다.</u>

이때 서술어는 긍정으로 표현하는 게 좋다. "이게 좋지 않을까요?"보다는 "이게 좋겠습니다."라고 확실하게 끝을 맺자. 부정형의 "좋지 않을까요?"는 불안의 여지를 남기지만, 긍정형의 "좋겠습니다."에는 자신감이 실린다. <u>긍정형으로 말할 때, 상대는 당신을 명확하게 알고 있는 사람으로 생각한다.</u>

이렇듯 극적이고 긍정적인 표현으로 문장을 끝내는 사람은 빛이 나게 된다. 사람들의 시선이 집중되기 때문이다.

12
한발 먼저 이해하는 '공감 엔진'

> 즐거워하는 자들과 함께 즐거워하고, 우는 자들과 함께 울라.
>
> (로마서 12장 15절)

진정한 매력은 외모보다 내면에서 나오는 말과 태도에 있다. 그리고 말과 태도는 대화에 담겨 있다. 이때 반드시 '상대가 나를 어떻게 생각할까?'를 의식해야 한다. 이는 상대에게 지기 싫다거나 우월하기 위해 의식하라는 게 아니다. 대화할 때 '학습자'의 자세를 갖추라는 뜻이다. 상대가 어떻게 그런 생각을 하게 됐는지 배우고 이해하려는 자세가 '공감'으로 이어진다.

열심히 들어준다고 해서 공감을 잘하는 것은 아니다. "그렇군요.", "그랬구나." 같은 말은 대화를 단절시킬 뿐, 그 이상의 진전을 이루지 못한다. 그보다는 상대의 이야기에 '문장'으로 반응하는 게 좋다. "왜 그렇게 힘들어했는지 들어 보니 이제야 좀 알겠네요." 상대의 마음을 헤아리려는 학습자의 자세로 다가가는 것이다. 그래야 상대도 '내 얘기를 잘 들어주고 있구나.' 하며 안심한다.

요즘 리더의 말

최근에는 카리스마 넘치는 권위적인 리더십보다 구성원들이 존중하고 따르고 싶어 하는 리더십을 선호한다. 리더가 어떻게 말하느냐에 따라 팀원들은 함께하고 싶은 마음을 갖게 된다. '공감하는 말'을 개발하고 자주 쓰는 리더가 함께하고 싶은 리더가 된다. 리더의 배우려는 자세를 보고 부담 없는, 다가가도 괜찮은 사람으로 인식하게 된다. '어떤 말로 상대를 위로할 수 있을까? 격려할 수 있을까?'를 평소에도 자주 생각하고 말하는 습관을 가져보자.

"늦게까지 일하느라 공부할 시간이 없었구나. 쉬지도 못했겠다."

"준비를 참 많이 했는데 일이 그렇게 돼서 너무 허탈하겠다."

"집중하기 힘든 상황이라는 게 바로 와닿네요."

"그게 될 줄은 생각도 못 했어요. 저도 해봐야겠네요."

훌륭한 리더십을 원한다면 '공감을 잘하는 사람이 돼야겠다.'는 자세로 일해야 한다. 리더라면 '공감 엔진'을 켜두도록 하자. 공감이 선행되면 상대는 리더를 '내 마음을 이해해주는 사람'으로 생각한다. 리더에게 어려운 얘기도 할 수 있을 것 같은 안정감, 신뢰가 생기는 것이다. 판단하지 않고 듣고 있는 모습에서 리더만의 분위기와 카리스마가 나온다.

물론 직장에서는 최대한 빨리 결과물을 내야 한다. 공감해줄 여유가 별로 없다. "회사에서 성과를 내야지 언제까지 공감만 해주고 있나요?"라고 충분히 물어볼 수 있다. 그러나 팀원들 서로의 감정을 이해하지 못하면 업무 환경은 적개심과 갈등으로 치닫는다. 이는 업무에 지장을 줄 뿐 아니라 스트레스와 불만을 가중시킨다. 서로 감정이 상해 있다면 협업이나 문제 해결에 필요한 정보를 공유하지도 않는다.

"이걸 왜 나한테 말 안 해줬어요?"

"해달라고 먼저 말하지 않았잖아요."

그러다 보면 결국엔 감정이 격해져서 갈등이 발생한다. 공감은 조직 문화를 구축하고 유지하는 데 핵심적인 역할을 한다. 공감이 부족하면 자신의 감정이나 의견이 무시된다고 여긴다. 자신감과 동기부여가 감소할 수 있다. 조직에 대한 열정을 잃게 되고, 성과를 위해 노력하지 않을 수도 있다. 수동적인 아이디어 교류나 소극적인 해결책 제시로 조직의 발전을 막는다.

어설픈 공감은 판단이 된다

섣부른 공감은 대화를 미숙하게 한다. 공감해준다고 하면서 상대를 쉽게 판단하고 문제 해결에만 관심을 두기 때문이다.
"시험 망쳤어."라고 하는데 "왜? 공부 안 했어?" 또는 "알바 하면 시험 공부를 제때 못 해."라며 질책한다. "알바 할 시간에 공부해서 장학금 받는 게 훨씬 더 이득이니까."라고 상대의 속사정도 모르고 빠른 해결책까지 제시한다. "누구나 다 마찬가지야." 이 말은 공감이 아니라 판단이다. 그리고 판단은 상대의 감정을 가로채갈 뿐이다.

많은 업무와 인간관계의 스트레스로 힘들어하는 동료에게 "힘드니까 이참에 쉬는 것도 나쁘지 않아."라고 말하고, 우울증 약을 복용하고 있다고 어렵게 토로한 친구에게 "약 먹으면 더 나빠질 텐데 끊는 건 어때?"라고 하는 건 어설픈 공감이자 섣부른 판단이다. 또한 문제를 애써 외면하려는 리더가 "원래 회사는 스트레스로 힘든 거야. 조직 사회가 다 똑같지 않아?"라고 하는 말은 확실치도 않은 해결책을 제시하는 것으로, 상대의 감정을 전혀 읽어내지 못하고 있다.

'왜'가 아니라 '무엇'

상대의 감정을 복사해 자신에게 붙여넣는 방식인 미러링(mirroring)을 사용하면 성급한 판단을 막을 수 있다. 우선 상대의 경험을 듣고 비슷한 언어로 응답한다. 그다음에는 반드시 '무엇'(what)으로 물어보자. '무엇'은 상대의 감정 깊숙한 곳까지 들어가게 해준다.

"공부할 때 집중이 잘 안 돼요."
"집중이 쉽지 않구나. 무엇 때문에 집중하기 어려운지 말해줄 수 있을까?"

"요즘 계속 무기력하고 힘들어."

"많이 지쳐 보인다. 일하면서 뭐가 제일 힘드니?"

여기서 주의할 점은 '왜'(why)로 묻지 않는 것이다. '왜'로 물어보면 대화가 비판적으로 이어질 수 있기 때문이다.

"마감 일정을 조정한다고요? 왜요? 정해준 기한 내에 일해도 빠듯해요." ➔ "마감 일정을 조정한다고요? 무슨 이유로 당겼는지 설명해주실 수 있을까요?"

공감은 심폐 소생술이다

요한복음에는 예수께서 죽은 나사로를 살리신 이야기가 나온다. 베다니라는 마을에 나사로와 마르다, 마리아, 삼 남매가 살고 있었다. 큰 오빠 나사로가 병들어 사경을 헤매고 있었고, 그를 살리려 두 자매는 사람을 보내어 예수님을 모시고자 했다.

그러나 예수는 나흘이 지난 후에야 이 가정에 도착했고, 나사로는 이미 죽어 무덤 속에 있었다. 동생 마리아는 예수님이 제때 오지 않아서 오빠가 죽었다고 생각했기에 무척 실망하고 서운해했다. 슬피 울고 있는 마리아를 보신 예수는 "그를 어디에 두었느냐?"라고 물었고, 비통해하며 눈물을 흘리셨다. (요 11:34-35) 성경에서 예수가 웃었다는 기록은 없지만 울었다는 기록은 세 번 나온다.

공감에 대해 성경은 명확하게 설명한다. "즐거워하는 자들과 함께 즐거워하고, 우는 자들과 함께 울라." (롬 12:15) 공감은 인간의 본성이다. 우리의 뇌에는 '거울 신경'(mirror neuron)이 존재한다. 웃는 아이를 보면 저절로 미소가 지어지고, 우는 사람을 보면 덩달아 마음이 좋지 않다. 거울 신경이 타인의 행동과 감정을 복사하여 그대로 따라 하고 느끼도록 뇌를 활성화시키기 때문이다. 이 덕분에 인간은 가장 지적인 생명체로 사회성이 발달하게 되었다.

거울 신경은 사용할수록 발달하고, 사용하지 않으면 퇴행한다. 그리고 인간의 죄가 거울 신경을 쓰지 못하게 막는다. 죄의 뿌리는 욕심이고, 욕심은 언제나 자신이 목적이다. '나만' 보게 하여 존중하고 배려하는 마음을 외면한다.

그렇게 지적인 생명체는 이기적 집단으로, 위로의 공감은 이익의 담합으로 바뀐다. 당연히 공감은 불가능해진다. 소통과 공유, 즉 나누는 것으로 호흡해야 하는데 빼앗는 것으로 숨 쉬려다 보니 인생이 헐떡거리게 된다. 사람은 공감을 받지 못하면 숨을 쉴 수 없다. 공감은 상대에게 산소를 공급해주는 것과도 같다.

공감은 타고난 능력이 아니다. 인생을 오래 살았다고 해서 저절로 생기는 기술도 아니다. 무슨 위로를 해야 할지 모르겠다면 침묵하는 것만으로도 상대의 마음에 머물 수 있다. 상대의 마음이 우물이라면 두레박을 바닥 깊숙한 곳까지 내리는 것이 공감이다. 나의 위로는 상대를 일으키는 특별한 동기가 되어준다. 주저앉아 있던 상대의 마음에 치유가 일어나는 것이다. 이것이 성경이 보여준 공감의 능력이다.

13 어른의 위로

> 내가 어릴 때에는 말하는 것이 어린아이와 같고, 깨닫는 것이 어린아이와 같고, 생각하는 것이 어린아이와 같았습니다. 그러나 어른이 되어서는 어린아이의 일을 버렸습니다.
>
> (고린도전서 13장 11절)

공감이 서툰 이유는 우리 역시 충분한 위로를 받지 못했기 때문이다.

"이제 그만, 뚝!"
"셋 셀 때까지 와. 하나, 둘, 둘 반…… 셋!"
"조심하라고 했어, 안 했어."

부모에게 들어왔던 말들을 어느새 아이들에게 하고 있다.

경고를 들으며 자란 아이들은 실수했을 때 부모한테 또 혼나야 한다는 두려움을 느낀다. 그래서 무엇을 하든 잘못해서 혼날까 봐 소극적으로 행동하게 된다.

아이들은 항상 최선을 다해 진심을 쏟아서 말하고 행동하지만, 부모는 아이들의 진심을 항상 이해하는 건 아니다. 그리고 간혹 대충하는 대답으로 아이들을 점점 멀리 밀어내기도 한다.

어릴 때부터 관심과 애정을 받고 자란 아이들에게는 긍정적인 태도가 형성된다. 온화한 미소와 눈빛, 칭찬의 말, 따스한 포옹은 인격적인 요소들을 강화시켜 준다. 반면에 무시와 무관심, 지적을 받고 자란 아이들은 부정적 감정이 쌓여 비판적이 된다.

충분히 위로받지 못하면

정체성은 유아기 때부터 가정 환경과 사회·문화적 요인 등 주위 환경에 의해 영향을 받는다. 이러한 내용의 연구 결과들을 학습하게 된 저자는 개인적 성향을 부모와의 관계와 연관지어 보았다. 아버지는 워낙 걱정이 많은 사람이었다. 그래서 뭐든 하려고 하면 '하지 마라.', '큰일 난다.'며 겁부터 주고 쉽게 허락해주지 않았다. 저자는 자라면서 성격이 더욱 소극적으로 변했고, 새롭게 시도하는 것을 주저하게 됐다.

물론 아이들의 정체성이 오로지 부모와의 관계에 의해 결정되는 것은 아니다. 그러나 저자의 경우, 어느 순간부터 하고 싶은 말과 해야 할 말을 부모 앞에서 하지 못하고 마음속에 담아두기 시작했다. 뭔가 탐탁지 않으면 생기는 아버지의 찌푸린 표정을 보는 게 꺼려졌다. 거절과 반대를 당하는 일이 두려워 허락받을 생각을 아예 하지 않게 되었다.

이후로는 감정과 생각을 드러내지 않게 되었다. 상대가 슬퍼하거나 힘들어할 때도 별다른 반응을 보이지 않았다. 굳이 상대의 감정을 알아줘야 할 필요를 못 느꼈다. "속상했겠다."며 형식적인 말만 전했을 뿐 속으로는 '그게 뭐 어때서?', '그 정도 가지고 뭘.'이라며 대수롭지 않게 지나쳤다.

위로가 뭔지 잘 몰랐던 저자는 서운함도, 불편함도 얘기하지 않았다. '나만 참으면 모든 것이 해결된다.'고 생각했기에 마음을 닫고 살았다. 상대가 고통을 호소해도 무심했다. "네가 좀 더 참아봐.", "네가 그냥 이해해."라는 말로 참기를 강요할 뿐이었다. 불편한 마음을 주고받기 싫어서 상대의 감정을 외면했다.

위로 아닌 위로

위로를 모르는 사람이 위로한다며 하는 말이 있다. "시간이 지나면 다 해결되더라." 물론 안타까워서 하는 말일 수도 있겠지만, 여기에는 '너의 투정이 이제는 귀찮아.'라는 생각이 숨어 있다. '참으면서 지내.'라는 뜻이기도 하다. 그러나 아픔을 잊으라는 말은 누구도 쉽게 해서는 안 된다. 어떻게 시간이 상처를 해결해줄 수 있겠는가. 이는 안 하니만 못한 '어설픈 위로'다. 상대의 상황과 마음을 전혀 이해해주지 못한 어설픈 위로는 상대의 자존감을 낮추는 행위다.

"그런 것 가지고 울고 그래."
"아직도 그 사람 생각나? 너도 참 유별나다. 그만 생각날 때도 됐잖아."
"이 또한 지나간다. 시간이 다 해결해줄 거야."
"여기서 못 버티면 너만 힘들어져. 무조건 이겨내."

그동안 제대로 위로받지 못한 이들은 속마음을 꺼내기 매우 힘들어한다. 표현하기보다 숨기는 게 더 익숙하기 때문이다. 그래서 불평을 늘어놓기보다는 참게 되고, 불편한데 괜찮다고 말한다. 위로받지 못한 이들은 자신보다 남을 더 생각하는 사람들이다. 부모님이 걱정할까 봐 아무 일 없던 것처럼 '착한 아이'라는 가면을 쓰고 혼자 견딘 사람들이다.

외로운 사람이 외로운 이들을 잘 위로할 것 같지만 그렇지도 않다. 각자 느끼는 외로움이 다르고, 상대의 외로움을 알 수 없기 때문이다. 또한 마음이 가난한 부모라면 넉넉한 마음으로 자녀를 키워야겠지만 그 역시 쉽지 않다. 대부분은 자신이 어릴 때 겪은 대로 자신의 아이를 키우게 된다.

어린아이 같은 어른

어린아이는 자신이 항상 옳다고 생각한다. 위로가 서툴고, 부모와 집안 형편도 생각하지 못한다. 모든 것이 미숙하니 분별력도 없다. "내가 어릴 때에는 말하는 것이 어린아이와 같고, 깨닫는 것이 어린아이와 같고, 생각하는 것이 어린아이와 같았습니다. 그러나 어른이 되어서는 어린아이의 일을 버렸습니다." (고전 13:11) 사도 바울은 고린도 교인들의 신앙이 어린아이처럼 성숙하지 못해서 시기와 다툼이 있다고 했다.

우리도 아이들처럼 자신의 생각과 판단이 맞는 줄 알고 확신에 차 얘기를 한다. 회사가 힘들다고 푸념하는 상대에게

"내가 더 힘들게 살고 있어."라고, 운동을 새롭게 시작한 친구에게 "왜 이 운동이야? 더 좋은 운동도 많이 있는데."라고, 프로젝트를 무사히 끝낸 동료에게 "나도 이번 프로젝트를 간신히 끝냈잖아."라며 화제를 자기중심으로 돌린다.

어릴 때는 어린아이처럼 말하는 게 당연하다. 바울 자신도 한때 그랬다고 말했다. 그러나 이제 어른이 되었기에 어린아이의 일을 버렸다고 선언하고 있다.

어른이 되었다는 것은 자신의 미흡함을 알고 보완할 수 있는 나이가 됐음을 뜻한다. 자신의 부족함을 더 이상 부모의 책임으로 떠넘길 수 없다. 이제 와서 부모를 닮아 그런 거라 탓한다고 해서 그 기질을 바꿀 수도 없지 않은가.

그러나 인정받지 못했다고 해서 타인을 인정 못 하는 건 아니다. 오히려 자신을 먼저 인정해야 타인도 소중한 존재라는 것을 깨닫게 된다. 성경 말씀이 이러한 사실을 깨닫게 해준다. "네 이웃을 네 몸과 같이 사랑하여라." (마 22:39) 이 말씀을 자세히 살펴보면 '이웃'보다 '자기 몸'(네 몸과 같이)을 먼저 언급하고 있다. 자신을 돌보는 일에서 이웃 사랑은 시작된다. 내가 바로 서지 못하면 이웃을 돌볼 여유도 없고, 제대로 섬기지도 못한다.

자기계발의 시작, 자기 부인

우리는 자신을 돌보기 위해서 자기계발을 한다. 자신을 사랑하고 존중해줄 때 자기계발도 할 수 있다.

그렇다면 어떤 사람이 자신을 진심으로 사랑하고 존중할까? 진리를 발견하고 진리대로 살려고 하는 사람이 자신을 사랑하고 존중하는 사람이다. 진리란 성경에 기록된 하나님의 말씀이고, 그 말씀이 육신을 입고 예수로 오셨으니(요 1:14), 곧 예수의 말과 행동이 진리다. 말씀을 지키며 살고 싶은데 자신의 생각과 욕망이 충돌해서 갈등이 일어난다. 말씀대로 살지 못한 것에 실망하고 자책한 뒤 다시 새롭게 다짐한다. 이런 시행착오를 겪으면서 진리가 학습되어 자기계발이 된다.

최고의 자기계발은 그리스도의 십자가를 깨달아 그 길을 가는 것이다. "나를 따라오려고 하는 사람은 자기를 부인하고, 자기 십자가를 지고, 나를 따라오너라." (막 8:34) 자아를 버릴 각오를 하고 진리의 말씀을 좇으라는 말씀이다. 예수께서 십자가를 진 것은 자기의 죄 때문이 아니라 남(나) 때문이다. 이것이 '자기 부인'(deny oneself)이다. 자기 부인이 되지 않으면 남은 보이지 않는다. 자신이 부족한 존재라는 점을 깨달아야 상대도 사랑받아야 할 존재로 보게 된다.

자신을 부인하는 것이 자기계발이고, 이를 통해 우리는 성장한다. 성숙해진다는 것은 예수가 보여주셨던 말과 행동을 닮는 것이다. 성경 말씀을 삶의 가치와 의미로 두는 사람은 자신을 기꺼이 변화시키고 싶어 한다.

상대의 고통을 겪지 않았다고 우리가 그들 위에 있는 것이 아니다. 그러한 생각은 자칫 잘못된 판단을 내리게 만든다. '나는 안 그러는데 넌 자꾸 왜 그래?'처럼 말이다. 그러니 위로할 때에는 자기를 부인하듯이 상대보다 더 안 좋은 상황을 가정하고 그들의 처지를 헤아리자.

"당신은 내가 몰랐던 많은 것을 가르쳐주셨어요."
"처음엔 모두 어떻게 해야 할지 몰랐지만, 지혜를 합치니 이렇게 좋은 결과가 나왔습니다."
"나도 가졌으면 하는 용기와 리더십이 당신에게 있습니다. 부러운 마음으로 응원합니다!"

성경으로 하는 자기계발은 높음에서 낮음으로, 비판에서 위로로 우리를 바꿔놓는다. 그리스도의 십자가는 자신을 올바로 사랑하도록 만들고, 상대의 마음을 읽는 능력을 준다.

14

나를 바로 세우는 질문

> 구하라, 그리하면 너희에게 주실 것이요.
> 찾으라, 그리하면 찾아낼 것이요.
> 문을 두드리라, 그리하면 너희에게 열릴 것이니
> (마태복음 7장 7절)

저자가 어학연수를 위해 잠시 미국에 살았던 시절, 선생님의 배려로 학부생의 정규 수업을 청강할 수 있었다. 그때 놀라운 광경을 목격했다. 학생들이 교수와 치열하게 논쟁하고 있었다. 우리처럼 교수가 일방적으로 가르치고 학생들은 받아적는 수업이 아니었다. 주제를 두고 교수와 학생들이 열띤 토론을 벌였다. 서로 자신의 의견을 주장했지만, 정답을 가리는 게 주된 목적이 아니었다.

결국 교수는 본인이 칠판에 적었던 글자를 지우고 학생들의 주장으로 정정했다. 학생들의 주장이 관철되었다는 사실이 중요한 게 아니다. 문제 해결에 대한 '가능성'을 도출했다는 점이 중요하다. 미국에서 혁신 기업가가 꾸준히 나오는 이유는 질문에 개방된 환경 때문 아닐까.

질문은 가능성이다

우리는 질문에 익숙하지 않다. 그래서 질문하는 게 어렵다. 초중고 12년에 대학 4년까지, 16년을 입시 위주의 주입식 교육만 받아왔기 때문이다. 교육 현장에선 암묵적으로 질문이 차단된다. 아이와 학생들에게 생각할 기회를 주지 않는다. 질문하는 법을 배운 적도 없다. 선생님이 풀어주면 받아적고, 암기하여 답 맞히기에 몰두하니 질문은 낯설고 두렵기만 하다. 혹시 무식하다고 여길까 봐 몰라도 아는 척하고, 스스로 무지한 상태가 되어도 괜찮다고 여긴다.

질문이 어려운 또 다른 이유는 상대의 말을 끊고 자기 말만 하기 때문이다. 문제점을 발견하면 '왜 그렇게 했는지' 관심과 호기심을 갖는 게 아니라 조언과 충고부터 하려든다.

그런데 질문하는 방법을 배우지 않았다고 질문을 안 하면 인생은 비극이 된다. 알려고 하지 않으면 얻지도, 성장하지도 못한다. 마태복음에서 예수님도 질문의 중요성에 대해 말씀하셨다. **"구하라, 그리하면 너희에게 주실 것이요. 찾으라, 그리하면 찾아낼 것이요. 문을 두드리라, 그리하면 너희에게 열릴 것이니"** (마 7:7)라고 하셨다.

그리스어로 기록된 신약성경의 '구하라'에 해당하는 'αἰτέω'(아이테오)는 '묻는다'를 뜻한다. 하나님의 뜻이 무엇인지 질문하고 응답도 구해보라는 것이다.

예수는 질문을 통해 깊이 생각했고, 스스로 답을 찾았다. 그래서 자신을 십자가에서 죽게 만든 아버지 하나님께 이렇게 질문을 던졌다. **"나의 하나님, 나의 하나님, 어찌하여 나를 버리셨나이까?"** (마 27:46) 그는 살기를 간절히 바랐다. 하지만 아버지의 뜻대로 구원의 사명을 완수하기 위해 끝내 십자가에 매달려 사망했다. 아버지에 의해 버림받은 이해할 수 없는 사실에 예수가 절규한 것이다. 그의 외침에는 "인간이 된다는 것은 무엇인가? 나도 살고 싶다."라는 간절한 바람이 담겨 있었다. 자신에게 던지는 질문은 살아갈 목적을 일깨워준다. 자신이 무엇을 생각하는지 알고 있어야 구체적인 미래를 계획할 수 있다.

또한 자신에게 던지는 질문은 어려운 환경에 처해 있을지라도 존재가 흔들리지 않도록 중심을 잡아준다. 고난은 항상 찾아오고 피할 수 없기에, 우리는 질문을 통해 시련과 시험을 이겨낸다. 극복하는 방법을 찾는다.

일이 계속 해결되지 않을 때 '이 문제를 통해 무엇을 배우고 있는가?'를, 갑자기 어려운 일에 부딪혔을 때 '이 일이 나를 어떤 방식으로 성장시키는가?'를, 마음이 어려워 우울함에 빠져들 때 '내 감정을 어떻게 다뤄야 할까?' 등 스스로에게 내면의 질문을 던져보자.

열정과 용기의 증거, 질문

질문하지 않으면 아무 일도 일어나지 않는다. 깨달음이 없으면 도태된다. 세미나에 가면 종종 벌어지는 일이다. '발표자의 자료가 틀린 건가?' '내가 잘못 알고 있던 건가?' 혹여 상대를 언짢게 할까 봐 질문하기를 주저하는 경우도 제법 많다.

그러나 누가 맞고 틀렸든, 대화를 통해 서로의 생각을 깊게 발전시키고 새로운 관점을 얻는 것이 질문이다. 자신이 틀렸다고 할지라도 여태껏 믿어왔던 사실을 바로 알게 됐으니, 질문은 항상 옳다. 질문하기 어려워 주저할 때, 질문 앞에 아래의 말을 붙여보자. 의문이 든 내용에 대해 정중히 물으면 한결 수월하다.

"한 가지 궁금한 점이 생겨서 그러는데, [   ]에 대해 질문해도 괜찮을까요?"
"조금 민감한 내용일 수도 있지만, [   ]에 대해 질문해도 될까요?"

질문한다는 것은 열정과 용기가 있다는 뜻이다. 반대로 질문이 없다는 것은 늙어간다는 의미다. 자신의 생애를 받쳐 하나님, 메시아에 대해 연구했던 원로 율법 학자 '니고데모'가 있었다.(요 3:1) 예루살렘 산헤드린 공회원*이었던 그는 학자의 지위에 오르기 위해 평생 공부했다. 많은 이에게 모세 오경을 강론하면서 율법의 모든 것을 지키려 애쓴 신앙인이었다. 그럼에도 모르는 것이 있었으니, 바로 '하나님 나라'였다.

궁금증을 참지 못한 율법의 대가 니고데모는 야심한 밤에 자신의 앎을 위해 아들뻘 되는 청년 예수를 찾아가 물었다. "사람이 늙었는데, 그가 어떻게 태어날 수 있겠습니까? 어머니 뱃속에 다시 들어갔다가 태어날 수야 없지 않습니까?" (요

---

* 산헤드린 공회는 일흔한 명으로 구성된 유대교 최고의 의결기관이자 사법기관이다.

3:4) 밤중에 찾아가 던진 질문에 노인은 답을 얻었을까?

예수께서 돌아가신 후 시신을 수습하고 장례를 치른 두 사람 중 한 명이 바로 니고데모였다. 역사는 그를 예수님의 장례식에 초대받은 유일한 귀빈으로 기록하고 있다. 백근이나 되는 값비싼 몰약과 침향을 노인이 손수 가져와 예수님의 장례를 위해 사용했다. (요 19:39) 그는 자신에게 진리를 가르쳐준 청년의 죽음에 정성 가득 애도를 표했다.

질문을 던질 때 가끔은 공감보다 이성을

질문할 때는 공감이 아닌 냉정을 유지해야 깊이 있는 대화가 이뤄진다. 우리는 대부분 대화할 때 공감대를 형성하고 싶어 한다. 그러나 감정이 개입하고 몰입까지 하게 되면 상대방의 상황을 제대로 파악할 수 없다. 객관성을 유지할 수 없고, 상대의 이야기에 끌려다니게 된다.

어떤 면에서 공감은 위로의 상황에서만 필요하기에 편향적이다. 설득이 필요한 자리라면 공감을 비활성화시켜야 한다. 조언이나 충고, 자신의 경험을 공유하는 것도 자제해야 한다. 공감을 빼면 상대가 처한 상황에 대한 통찰이 가능해진다. 이는 좋은 질문거리들을 탄생시킨다.

질문의 본질은 '내가 하는 일이 옳은 선택인가?'처럼 자신의 상태를 확인하는 것이다. 그런 다음, 보이는 현상에 대해 호기심을 가져보자. 사람과 사물을 관심 있게 보고, 그것이 왜 특별한지 질문하는 용기는 통찰력, 사고력으로 이어진다.

간혹 질문에 질문으로 응답하는 경우도 있다. 바로 '반사 질문'으로, 질문자의 생각을 반문하는 것이다. 반사 질문을 하는 이유는 상대의 생각을 더 깊이 들여다보고 그들의 관점을 이해하기 위해서다.

대답하기 곤란한 질문을 받았을 때, 황당한 말을 들었을 때도 반사 질문을 사용한다. 반사 질문으로 상대의 의도를 간파해 궁지에 몰아넣을 수도 있다.

예수도 반사 질문을 하고 직접 답을 주신 사건이 있다. 성경에 바리새인들과 헤롯당원들이 연합하여 납세 문제로 예수님을 시험하는 장면이 나온다. **"황제에게 세금을 바치는 것이 옳습니까, 옳지 않습니까?"** (마 22:17) 세금을 바치지 말라고 대답하면 그들은 로마에 대한 반역과 선동죄로 예수를 고발하려고 했다. 로마에 세금을 바치라고 하면 예수를 매국노로 몰아 배척하려고 했다.

예수는 양자택일해야 하는 질문 앞에서 냉정함을 유지하며 반사 질문을 던진다. 동전을 가리키며 **"이 초상은 누구의**

것이며, 적힌 글자는 누구를 가리키느냐?"라고 물었다. 그들이 대답했다. "황제의 것입니다."* 다시 예수께서 말씀하셨다. "그렇다면 황제의 것은 황제에게 돌려주고, 하나님의 것은 하나님께 돌려드려라."(마 22:20-21) 예수의 말씀을 듣고 그들은 탄복했다고 성경은 기록한다. 예수님은 반사 질문을 통해 대화의 분위기를 주도해서 반론의 여지를 없애버렸다.

당신도 누군가에게 불쾌한 질문을 받고 딱히 뭐라고 반응해야 할지 모를 경우, 받은 질문을 되돌려주면 된다. 예를 들어, "학교는 어디 나왔어요?"라는 질문이 불편하다면 "그게 왜 궁금한가요?"라는 반사 질문으로 언짢은 기분을 전해보자. 이때 반발심에 "왜요?"라고 묻지 않는다. 상대의 불편한 질문에 휘말려 의도치 않는 말까지 나올 수 있기 때문이다.

마찬가지로 당신이 되묻는 질문을 받았다면 곧장 실례했다고 사과하자.

---

* 당시 동전에는 로마 황제인 티베리우스의 흉상이 새겨져 있었다.

IV

인정,
어루만지는 말

15

가난한 언어는
가난한 내면의 거울

> 입에서 나오는 것들은 마음에서 나오는데, 그것들이 사람을 더럽힌다.
>
> (마태복음 15장 18절)

사람은 누구나 인정받고 싶어 한다. 그래서 험담을 통해 상대가 자신보다 못하다는 점을 확인받고자 한다. 타인이 자신보다 잘하는 것이 있으면 부러운 동시에 자신은 부족한 것 같아 불안해진다. 가까운 사람이 공을 세워서 높임을 받으면 옆에 서 있는 자신은 괜히 어색하고 민망하다. '나는 왜 못했을까? 무엇이 모자랄까?' 자신의 부족함에 대해 돌아보면 좋겠지만, 곧바로 타인의 잘못부터 들추기 시작한다. '저 인간, 또 꼼수 썼네.' 이런 식이다.

험담은 어떤 현상에 대해 '곧바로', '나도 모르게'처럼 우리의 무의식에서 나오는 죄다. 험담하는 습관이 뿌리를 내리면 죄라고 생각하지 않는다. 스스로 점검하지 않으면 옹졸한 마음에서 벗어날 수 없다.

그래서 남의 험담이 시작되면 이를 감지하는 것이 중요하다. '뒷담화'를 들었을 때 꼭 이렇게 말해주자. "너, 좀 특이하다." "너, 좀 남다른데?" 이 말을 들은 상대는 험담을 멈추고 자신과 공범이 돼줄 다른 누군가를 찾을 것이다. 그러면 더 이상 엮이지 않게 되어 서로 감정 상할 일도 없게 된다.

마음이 가난해지면

마음이 가난해지는 것만큼 불행한 일은 없다. 내면을 건강한 정서로 채우지 못하면 부정한 말로 자신의 불안감을 없애려 한다. 그래서 자신을 높이겠다며 누군가를 깎아내린다. '저 사람보다 내가 더 잘나고 싶어요.' '저 사람이 나보다 잘나가는 게 싫어요.' 자신의 부족함을 성찰하지 않고 남을 비난만 하니 자기 영혼만 피폐해진다.

남 탓을 하고 남 흉보는 것으로 자기 불안이 해소된다면, 마음은 빈 껍데기와 다름없다. 그나마 부족한 자존감마저 남

흉보는 일로 소비하기 때문에 내면이 비게 된다.

"걔는 왜 말을 함부로 해서 관계를 어렵게 만들어?"
"그 사람은 볼 때마다 너무 자기 자랑만 해. 그만 듣고 싶어."
"그 친구, 일도 못 하는데 아부로 자리 하나 차고 들어갔잖아."
"부장님, 회사에선 단호해도 집에 가면 찍소리도 못한대. 좀 불쌍해."

비난과 험담을 할수록 인격은 성장하지 못하고 오히려 퇴보한다. '뒷담화'를 한다고 당사자가 달라지는 것도 아니고, 그를 변화시킬 수도 없다. 결국에 자신은 흉 잘 보는 사람으로 인식되어 사람들이 멀리할 것이다.
타인의 흉을 계속 듣고 있으면 어느새 감정이 전염되어 자신도 모르게 '맞네, 그러네.'하고 동조하게 된다. 맞장구라도 쳐주면 상대의 험담은 가속이 붙어 더 노골적으로 이어진다. 사람은 불안할 때 남 욕, 남 탓을 하며 의미 없는 에너지를 쓴다. 즉, 험담은 자신의 열등감, 자격지심 같은 불안정한 감정을 풀고 싶은 욕구에서 나온다. '나는 열등한 사람입니다.'

라고 자신의 열등의식을 사람들에게 공개하는 것과 같다.

무의식에서 나오는 험담

내가 생각 없이 내뱉은 말에 상대는 생각보다 큰 상처를 받는다. 사람은 어떤 것에 대해 잘 알고 있다고 생각할 때 무의식적으로 기쁨을 느낀다. 그래서 그것에 대한 지적이나 정정을 가하면 기분이 나빠진다.

이렇듯 무의식은 새로운 정보를 싫어한다. 지금까지 믿어왔던 자신의 생각과 신념이 틀렸다거나 잘못됐다고 하면 굉장히 고통스러워지기 때문이다. 신은 분명히 존재한다는 주장에 무신론자가 발끈하는 것과 같다. 그 반대의 경우도 마찬가지다.

성경은 인간의 무의식에 대해 이렇게 언급한다. "입에서 나오는 것들은 마음에서 나오는데, 그것들이 사람을 더럽힌다." (마 15:18) 예수께서 하신 말씀이다. 무의식이 찌꺼기로 쌓여 입으로 배설되는 것이 험담이다. 그만큼 생각 없이 발설하는 것이 무의식이다. 성경 말씀대로 살겠다고 다짐했지만 살다 보니 자기 욕심대로 하고 있다. 이웃을 사랑해야 하는 걸 알지만 오늘도 이기적인 모습으로 하루를 보낸다. 성경도 이런 나약한 인간을 인정하고 있다. "내가 원하는 바 선은 행하지 아니하고 도리어 원하지 아니하는 바 악을 행하는도다." (롬 7:19) 역사상 가장 위대한 복음 전도자 사도 바울조차 자신의 힘으로는 죄를 이겨낼 수 없다고 고백했다.

사랑은 무의식을 깨운다

"사랑은 오래 참고……." (고전 13:4) 사랑은 오래 참는 인내의 연속이기에 '반복'이다. 반복은 무의식을 다스리는 열쇠가 된다. 말씀을 재차 의식하면 험담하고 싶은 마음을 덮을 수 있다. 새로운 생각을 잠재의식에 심기까지는 부단한 인내와 연습이 필요하다. 물론 자기 안에 저항과 갈등도 일어난다. 험담은 아무 소득이 없다. 오히려 손해다. 험담하는 것 자체로 험담의 주인공에게 이미 진 것이다.

반면에 사랑의 말은 격려, 화해, 치유가 일어난다. 자신과 그 주변을 모두 살린다. 영혼을 살리고 평안을 주는 사랑의 말은 입 밖으로 나오려는 험담을 덮는다.

배우 지망생에게 "얼마나 되기가 어려운데, 그걸 네가 해보겠다고?"라고 말하기 보다는 "무대에 서는 너의 모습이 머릿속에 벌써 그려지는데!"라고 말해보자.

다이어트를 시작한 친구에게 "살 빼는 거, 각고의 노력 없이는 힘들어. 내가 해봐서 알거든."이라는 말 대신에 "마음만 먹으면 성공하지. 넌 한다면 하잖아."라고 해보자.

진급한 친구가 일이 많아 힘들어할 때 "돈을 더 받으면 그만큼 힘들겠지."라고 하기 보다 "팀장이 되니까 좋은 게 뭐야?", "잘 도와주는 사람은 누구야?"라고 말하자.

다른 의견을 가진 동료에게 "저에겐 이 방법이 더 맞아요. 그렇지만 무슨 뜻으로 한 말씀인지는 잘 알겠습니다."라고 말해보는 건 어떨까?

모임에서 타인의 험담을 들었을 때, 공감해준다고 맞장구 쳤다간 자칫 가담자가 될 수 있다. 그럴 때에는 이렇게 말해보자. "그 사람과 직접 얘기해보는 게 좋을 듯해."

가난한 내면을 보여주는 빈곤한 언어들

자존감이 낮은 사람일수록 자신의 성격을 쉽게 드러낸다. "내가 누군 줄 알아?"라는 말에는 그만큼 대우받길 바라는 욕망이 깔려 있다. 자신이 대접받아야 할 합당한 이유가 있으면 문제가 되지 않는다. 그러나 어떤 영향력도 없으면서

"나를 지금 뭐로 보고!"라는 말을 한다면 자신을 더 초라하게 만들 뿐이다. 그런 사람들은 대부분 말이 많다. 그리고 함부로 내뱉는 수많은 말 속에는 남 탓, 불평, 험담이 섞일 수밖에 없다.

결국 그러한 말들은 자신의 낮은 의식 수준을 보여줄 뿐이다. 의식이 빈곤하면 자신의 의지를 사용하지 못한다. 해야 할 말, 필요한 말은 못 하고 하지 않아도 될 말, 필요 없는 말만 하게 된다. 자기 맘대로 말을 내뱉을수록 무의식의 공간에 갇힌다. 그렇기에 아차 하는 순간에 억눌러왔던 말들이 입에서 흘러나온다. 이를 조절하기란 쉽지 않다.

이럴 때 제대로 된 말공부는 분명 실천을 위한 토대가 된다. '툭툭 내던지는' 의식의 빈곤에서 '살살 두드려' 의식을 담아내는 변화를 이룬다. 그릇된 성향, 죄성(罪性)은 점차 희미해진다.

의식이 닫힐수록 인격은 빈곤해지지만, 지적인 깨달음은 닫힌 의식을 열게 만든다. 품격이 깃든 말의 세계는 진리를 좇으려는 의식 있는 사람에게만 허락된다. 겸손하여 과묵한 사람은 자신을 쉽게 드러내지 않는다.

16
자신을 낮추면 비로소 보이는 겸손의 말

> 누구든지 자기를 높이면 낮아질 것이요, 자기를 낮추면 높아질 것이다.
>
> (누가복음 14장 11절)

"우리 모두 겸손해야 합니다!"라고 외친들 겸손해질 사람이 있을까? 겸손은 '돈'을 대하는 자세를 보면 알 수 있다. 부자든 아니든 남의 돈을 귀하게 여길줄 아는 사람은 겸손하다. 형편이 넉넉지 않아 적은 돈이지만 베풀고 주변을 섬기는 사람은 교만하지 않다. 부와 성공은 마음에 '여유'를 주지만 '격'을 만들어주진 않는다. 결국 돈과 물질을 대하는 모습에서 속사람이 드러나는 경우가 많다.

일상의 언어에서 찾은 '교만함'

자신을 드러내고 싶은 게 인간의 본성이다. 그렇기에 사람들은 화려해 보이는 것에 흥미를 가지고, 소유한 것이 자신을 나타낸다는 착각에 빠진다. 자신이 사는 고급 주택이, 타고 다니는 멋진 차가 바로 '나'라고 말이다. 이런 착각은 남보다 우월하다는 의식에서 나온다.

그래서일까? 겸손은 자신이 '교만하다'는 사실을 인정하는 것에서 시작한다. '겸손해야지, 교만해지면 안 돼!'라고 마음먹는다고 겸손해지지 않는다. 자신을 낮추고 돌아볼 때 비로소 겸손과 가까워질 수 있다. 자신이 일상에서 쉽게 쓰는 말부터 되짚어보자. 거기서부터 자신의 교만을 발견할 수 있다.

"그 사람들보다는 내가 좀 더 낫지."
"아직 아무것도 모르는구나."
"제가 하는 게 나을 것 같아요. 이런 거 잘 모르시잖아요."
"내가 진작에 바꾸라고 했잖아."
"당신이 항상 그렇지 뭐."

이런 말들은 '너에게 문제가 있다.'는 생각을 전제로 한다.

말도 그렇지만 표정을 통해 고스란히 전달된다. 상대 앞에서 한숨을 내쉬는 것도 교만으로, 말 못지않게 상대를 무시하는 표현이다.

겸손으로 포장한 교만

"참으로 지혜를 얻는 것이 은을 얻는 것보다 낫고, 황금을 얻는 것보다 더 유익하다." (잠 3:14) 부자 중에 겸손한 사람이 의외로 많다. 그들은 자신이 노력하고 고생해서 돈을 벌었다고 생각하지 않는다. 번 돈을 자기 마음대로 쓰지도 않는다. 돈에 겸손한 사람들이 성공할 수밖에 없는 이유는 게으름, 과소비, 고수익과 같은 유혹을 뿌리쳤기 때문이다.

이들은 돈보다 '지혜'를 먼저 구했다. 성공한 기업가들에게 그 이유를 물으면 주변에 공을 돌린다. 도전할 수 있는 기회가 찾아왔고, 필요한 사람을 만나게 해주었다고 고백한다. '운'이 좋았다고 말할 뿐이다. 그들은 바닥을 칠 때까지 겪어야 했던 절망, 다시 일어나기 위해 흘린 피눈물을 운 뒤에 숨기는 겸손함을 보였다.

우리가 말하는 운에도 자기 지분이 조금은 들어 있다. 바람을 성취했을 때 '나에게' 운이 따랐다, 혹은 '내가' 빌었더니

행운이 찾아왔다고 여긴다. 자신이 운을 구했다는 것이다.

'운'에 견줄 수 있는 말을 기독교에서는 '은혜'라고 부른다. 은혜는 운과 달리 '나의' 업적이 조금도 들어가지 않는다. 은혜처럼 자격도 안 되는 나에게 기회가 찾아왔다는 고백이 겸손이다. 그러나 겸손을 방해하는 것이 하나 있으니, 바로 자랑이다. 겸손한 척 운에다 자기 능력을 얹어 자랑하는 것이다.

"기획안 발표 너무 좋았는데, 어떻게 생각한 거예요?"
"다른 일로 너무 바빠서 준비도 제대로 못 했는데, 어쩌다 얻어걸린 거죠."

이처럼 슬쩍 자신의 능력을 과시하는 경우다. 반대로 신세 한탄하는 척 자랑하는 경우도 있다.

"매일 야근이야. 연봉 좀 준다고 회사가 일을 많이 시켜."

은근슬쩍 자기 자랑을 불평 속에 숨긴다. 겸손하지 못하면 호감을 얻을 수 없다.

인정하면 겸손이다

교회의 한 청년이 저자에게 질문을 했다. 리더의 지적으로 인한 스트레스 때문에 직장을 그만두고 싶어 했다. 예수님도 온갖 모욕을 참고 견뎌 겸손의 삶을 보여주셨는데, 자신은 그게 안 된다고 하며 물었다. "수치심을 인정하지 못하는 제가 겸손하지 못한 것인가요?"

이 청년의 상황에서는 성경 말씀이 희망이 아니라 절망이 될 수도 있겠다는 생각도 들었다. 해결되지 않는 고난 앞에서 말씀, 기도, 신앙이 즉시 통하지 않을 때가 있기 때문이다. 저자는 청년에게 물었다. "리더가 형제를 괴롭히려고 지적하는 건가요?" 그러자 "그건 아니고 주로 업무할 때 많이 부딪힌다."고 대답했다. 저자는 다시 물었다. "만일 리더의 지적이 맞는 말이라면요?"

리더가 무례했을지라도 그 지적이 틀리지 않았다면 우선 "노력하겠습니다."라고 대답하길 권했다. 자신의 부족함을 인정하는 것이 겸손이기 때문이다. 조직은 자아 실현을 시켜 주는 곳이 아니라 자신을 도구 삼아 업무를 수행하는 곳이다. 자신의 기준을 꺾어서라도 남들과 융화하고 조화를 이뤄야 하는 곳이 조직이다.

물론 무조건 굴욕을 참는 게 겸손은 아니다. '짜증이 나도 리더니까 맞추자.'가 아니라 '내가 좀 더 배워야겠다.'라고 여기면 겸손이 된다. 겸손한 사람은 자신의 부족함을 아는 만큼 용기를 얻는다. 결점을 보완하고 새로운 것을 시도하기 때문에 성장하게 된다.

강자의 언어, 겸손

"네가 누구에게 혼인 잔치에 초대를 받거든, 높은 자리에 앉지 말아라. 혹시 손님 가운데서 너보다 더 귀한 사람이 초대를 받았을 경우에 너와 그를 초대한 사람이 와서 너더러 '이분에게 자리를 내드리시오.' 하고 말할지 모른다. 그러면 너는 부끄러워하며 가장 낮은 자리로 내려앉게 될 것이다." (눅 14:8-9) 이 이야기는 주제도 모르고 상석에 앉았다가 귀빈에게 자리를 뺏기는 무안한 상황을 설명한다. 교만한 사람은 보기와 달리 능력이 뛰어나지 않을 수 있다. 자만할수록 부족한 실력이 금방 드러난다. 결국 나대던 사람은 가장 낮은 자리로 내려앉게 된다. 반면 겸손한 사람이 높은 자리에 앉으면 그 존재감이 더 확실하게 드러난다.

"누구든지 자기를 높이면 낮아질 것이요, 자기를 낮추면 높아질 것이다."(눅 14:11) 겸손은 강한 자의 언어에 가깝다. 강자가 자기를 낮추면 약자의 눈높이에 맞출 수 있기 때문이다. 강자가 자신을 과시하면 교만이 된다. 약자가 자신을 과장하면 허풍이 되고, 아첨하면 비굴해진다. 위의 말씀에서도 초대받은 자는 정해진 자리가 있지만 초대받지 못한 자는 선택권마저 없다.

회사에서 열심히 일하는 구성원은 배움의 자세로 자신을 낮춘다. 그러나 리더가 보기에는 겸손이 아니라 당연한 태도다. 반면 높은 자리에 있는 성공한 리더가 거만함을 억누르면 겸손이 된다. 그래서 겸손한 자가 강한 사람인 것이다.

겸손하여 강해진 자가 더 넉넉해지는 이유

"무릇 있는 자는 받아 넉넉하게 되되 없는 자는 그 있는 것도 빼앗기리라."(마 13:12) 저자는 학창 시절에 늘 성적이 하위권이라 선생님들의 관심을 받지 못했다. 그래서 상위권 학생들은 교사와 상의해서 대학교와 전공을 정했지만, 저자는 그렇지 않았다. 얌전했지만 '공부를' 못했던 저자에게 담임 교사는 "원서는 네가 직접 써서 가지고 와."라는 말로 진로 상담을 끝냈다.

저자는 이를 차별이라고 생각하지 않았다. 성적을 올려 우수한 대학에 가고자 하는 목표가 전혀 없었던 건 순전히 저자의 책임이었기 때문이다. 말씀처럼 공부에 욕심을 낼수록 진학할 기회도 넉넉해진다는 것을 알게 됐다.

말씀과 기도에 의지하여 목표를 향해 부딪히고 도전하는 청년들이 유독 저자의 눈에 잘 띈다. 기도와 말씀에 의지한다는 것은 자기 노력만으로 할 수 없는 또 다른 모습의 겸손이다. 자신의 한계를 인정할 때 기적과 축복의 문이 열리게 된다. 겸손할수록 진리를 깨닫는 기쁨을 경험할 수 있으니 계속해서 말씀을 사모하는 사람이 된다.

그러나 아쉽게도 좀 더 성장했으면 하는 사람들은 성경의 진리를 따르는 데 소홀하다. 인생의 중심을 말씀으로 기준 삼는 자들은 늘 겸손한 자세를 갖추려고 한다.

17. 솔직함의 가면을 쓴 무례한 말

> 무정하며, 원한을 풀지 아니하며, 비방하며, 절제가 없으며, 난폭하며, 선을 좋아하지 아니하며
> (디모데후서 3장 3절)

　　　　　　　　　　　　무례한 사람에게는 오직 '나'만 존재한다. 내 감정과 욕구가 상대의 처지보다 앞서기 때문에 본인 주장만 내세운다. 남이 솔직하게 얘기하면 비난이라고 따지고, 내가 솔직하게 말하면 애정이라고 여긴다. 내 말이 불편하게 들렸다면 그것은 너의 문제라는 식이다. 중요한 점은 나 역시 '솔직히 말해서~', '악의 없이 말하는 건데~'라는 말들을 해왔다는 사실이다.

　　솔직하게 말할 때 주의해야 할 점이 있다. 내 표현으로 인

해 상대의 기분이 언짢을 수 있다는 사실이다. 하지만 대부분은 이 점을 고려하지 않는다. 상대의 형편을 다 알고 있다고 생각해서 '이 정도는 말해줘도 괜찮겠지.'라고 넘어간다.

이런 무례함은 리더와 구성원, 부모와 자녀, 오래 알고 지내는 사이에서 잘 나타난다. 그래서 친한 사이였다가도 '솔직한 무례함' 때문에 관계가 깨지기도 한다. 그러니 이것저것 서슴없이 말하는 만큼 듣는 상대의 기분도 존중해야 한다. 할 말을 다 하고 싶다면 먼저 '내 말에 상대는 어떤 기분이 들까?'를 반드시 고려해야 한다.

무심코 던지는 돌직구

'솔직히'라는 말은 의외로 잘 먹힌다. 기분은 언짢아도 맞는 말이겠거니 하며 받아들이기 때문이다. 드물게 반박하는 경우도 있지만, 대부분은 '내가 그랬구나!'라며 수긍한다.

그런데 가끔 솔직하게 말한다면서 '돌직구'를 던지기도 한다. "나니까 이런 말을 해주는 거야."라며 남의 속을 후벼파고선 솔직한 성격을 자신의 장점으로 여긴다. 솔직함에는 '내 말이 맞아.', '내 눈이 정확해.'라는 자기 확신으로 가득 차 있다.

그러나 솔직함이 모두 옳은 것은 아니다. 판단에는 주관이 개입되기 때문에 언제든 틀릴 수 있다. 게다가 앞서 말했듯 지나친 솔직함은 자칫 무례함으로 변질될 수 있다. 성경은 자기 중심에서 나오는 무례함을 말세의 증거라고 한다. (딤후 3:1-5) 무례함을 결코 가볍게 지나칠 수 없는 이유다.

"솔직히 말해서~"에 이어서 나오는 말이 하나 더 있다. 바로 "악의는 없었어."다. 자기 할 말 다 해서 상대를 언짢게 해놓고는 끝날 때쯤 악의는 없었다고 말한다. 그런데 정말 악의가 없었을까?

"나니까 이렇게 얘기해주는 거야."
"나 거짓말 못 하는 성격인 거 알지? 솔직히 말하는 거니까 네가 이해해줘."
"있는 그대로 하는 말이니까 상처받지 말고 들어줘."
"내가 솔직한 편이라 사람들이 못 받아들일 때가 있어요."
"내 말에 악의는 없었어. 오히려 너를 도우려던 거야."

상대에 대한 부정과 비난을 악의가 없다는 말로 포장해서 말하지 말자. 솔직함을 무기로 상대에게 가시 같은 말을 내뱉는 사람은 겸손해지기 어렵다.

판단의 잣대는 모두 다르다

성경 누가복음에는 마르다와 마리아, 두 자매가 예수님과 일행들을 자기 집으로 모신 이야기가 나온다. 많은 손님을 모셨으니 뭐라도 대접해야 했다. 언니 마르다는 음식을 만드느라 정신없이 바빴다. 동생 마리아는 언니를 돕지 않고 예수님 옆에서 말씀을 듣기만 했다. 화가 난 마르다는 예수께 다가가 동생은 그만 듣고 자신을 도와 일할 것을 부탁한다.

"주님, 내 동생이 나 혼자 일하게 두는 것을 아무렇지 않게 생각하십니까? 가서 거들어주라고 내 동생에게 말씀해주십시오." (눅 10:40) 예수께서 이렇게 답하셨다. "**몇 가지만 하든지 혹은 한 가지만이라도 족하니라.**" (눅 10:42) 일을 하기로 했으면 그것만 열심히 하라고 예수님은 말씀하신다. 음식을 준비하고 있다면 그 일만 집중해 열심히 하는 것으로 끝내라는 뜻이다. 내가 하는 일은 맞고 네가 하는 일은 틀렸다고 단정 짓지 말라는 것이다.

"나는 예수님을 위해서 이렇게 열심히 일하는데, 너만 방에 앉아 있는 게 말이 돼?" 마르다의 불평처럼 우리는 남들도 내 기준에 맞춰야 한다고 생각한다. 예수님은 우리 각자의 사정을 모두 알고 계신다. 마르다가 불평을 하지 않았더라면, 예수는 마르다를 칭찬하셨을 것이다. "이렇게 맛있는 음식을 대접받았네요. 이 많은 걸 누가 다 차렸나요?"

지나친 자기 사랑과 말세

솔직한 자기 생각이 맞겠거니 생각한다면 착각이다. 상대의 사정을 전혀 알 수 없는데도 그를 단정 짓고 판단하는 것 자체가 모순이다. 그러니 "솔직히 말해서 너는~"이란 말은 하지도 말고, 믿지도 말자. 그리고 자신을 제대로 알지도 못하면서 "나 이런 사람이야."라고 말하지 말자. "너는 이런 사람이고, 나는 이런 사람이다."라는 말은 교만, 비방, 무절제, 자기 높임에서 나오는 죄다.

성경은 이런 죄들이 만연하기에 지금을 말세로 진단한다. "무정하며, 원한을 풀지 아니하며, 비방하며, 절제가 없으며, 난폭하며, 선을 좋아하지 아니하며" (딤후 3:3)는 성경이 말하는 말세에 나타난 이 시대의 모습이다. 자기 이익에만 집중하면 원한, 비방, 무절제, 난폭에 엮이게 된다.

우리는 "어떻게 사람이 이럴 수 있을까?"라는 말을 매번 할 수밖에 없는 시대에 살고 있다. 충격과 공포가 익숙해져야만 말세의 시대를 견딜 수 있다. 세상은 원한, 비방, 무절제, 난

폭 등 악을 선보다 우선시한다. 자신이 악으로 고통을 겪고 있기에, 악으로 누군가를 괴롭히는 '말세의 사람'도 될 수 있다.

"말세에 어려운 때가 올 것입니다. 사람들은 자기를 사랑하며, 돈을 사랑하며, 뽐내며, 교만하며, 하나님을 모독하며, 부모에게 순종하지 아니하며, 감사할 줄 모르며, 불경스러우며"(딤후 3:1-2)라는 말세에 나타나는 징조 중에 '자기 사랑'이 있다. 모든 죄는 '자신'에게 집중하기 때문에 생겨난다. 무례함은 자신을 중심에 두는 것에서 시작한다. 교만, 판단, 자랑이 자기 중심에 있다. 자신을 더 중요시 여기면, 죄를 개인의 취향으로 정당화시키는 과오를 저지르게 된다. 즉 그리스도가 보여준 강렬한 사랑과 고결한 희생이 무의미해진다. 그래서 성경은 자기를 집착적으로 사랑할 때 말세라고 한다.

말세에 대항하는 경건함

자신에게 솔직해지는 것부터 경계하자. 이것은 자기 마음대로 말하겠다는 뜻이다. 타인의 생각과 기분을 자기가 생각한 대로 해석해서 전달하는 건 무례한 행동이다. 첫인상처럼 자신의 평가는 틀릴 수 있다.

그러나 대부분의 사람은 자신의 무례함을 인지하지 못한

다. 무례함을 솔직함으로 포장해서 상대를 아프게 한다. 자신의 말투에 상대가 상처를 받아도, 말이 지나쳤다는 지적을 들어도 무례함을 고쳐야겠다고 생각하지 않는다. 자기 성격대로 살겠다는 사고가 지금의 사회 전반에 퍼져 있는 것도 이와 무관하지 않다. 이러하다 보니 우리는 어느새 무례함에 익숙해졌고, '경건'(敬虔, godliness)이 지닌 가치를 잃어버렸다. 성경에서 경건이란 예수님의 모습과 성품을 본받아 그분을 예배(경배)하는 것을 의미한다. 요즘 '경건하다'는 말은 재미없는 사람을 가리킬 때나 쓴다. 경건은 인간의 욕구와 정욕을 절제하도록 권면하기 때문이다.

말을 절제하는 것이 가장 쉬운 실천이지만, 말을 삼가는 것에서 나타나는 능력은 인생을 바꿀 만큼 강력하다. 우리는 간혹 이런 말을 생각 없이 내뱉곤 한다.

"어떻게 그런 말이 나와? 그게 가능해?"
"어떻게 했대? 나라면 그거 절대 못 해."

맞는 말이다. 상대가 왜 그렇게 말했는지 당연히 알 수 없다. 그 사람을 완전히 이해하기란 불가능하기 때문이다. 그러니 평가 대신 '사정'으로 바꿔보자.

"내가 모르는 사정이 있겠지."

"과거 그런 일 때문에 상처가 있을 거야."

"그럴만한 사정이 있겠지."

그렇게 상대를 하나씩 헤아리다 보면 거칠게 일어났던 내면도 어느새 다독여진다. 다시 말하지만, 무례함을 회복시키는 것은 경건이다. 그리고 성경의 오래된 지혜는 '말세의 사람'을 '경건한 사람'으로 만든다. 경건한 사람은 사람에게 큰 기대를 하지 않고, 물질에도 집착하지 않는다. 타인의 심리와 일상을 엿보는 일에도 흥미가 없다. 오히려 자신의 어리석음이 드러날까 조심한다.

그러니 지금부터 '경건한 언어'를 사용하도록 하자. 뿌리 깊은 언어는 당신을 더욱 단단하게 성장시켜 진리에 부합하는 사람으로 만들어줄 것이다.

"네가 말이 좀 많은 편이지." ➜ "생각을 정리하면서 말하면 차분해질 수 있어."

"어제 김 대리가 발표한 자료에 잘못된 것들이 있어요. 틀린 건 틀렸다고 솔직하게 얘기해주는 게 낫지 않나요?" ➜ "어제 발표는 모두에게 유익했어요. 이제 우리가 도와줄 수 있는 부분에 대해 함께 얘기해봐요."

"이제 실수도 그만할 때가 되지 않았나요?" ➡ "이 부분을 계속 놓치고 있군요. 다음 보고서는 제가 유심히 보겠습니다."

"너는 왜 생각이 항상 그런 식이야?" ➡ "네 관점은 나와 다르구나."

"이거 진짜 이해 못 해? 너무한 거 아냐?" ➡ "이해하는 데 도움되는 방법이 없을까?"

<u>성경으로 학습하는 대화법은 인간관계와 자기계발을 뛰어넘는다.</u> 노력해서 말투를 고치는 것과는 달리 오래된 지혜, 즉 진리가 자신을 이끌 때 이전과 다른 사람이 된다. 존재가 변화하면 변화된 말투가 나온다.

'사랑합니다.'라는 말을 예전에 못했다면, 그리스도의 십자가 사랑을 깨달으면 할 수 있게 된다. 성경으로 말공부를 해야 하는 이유가 여기에 있다. "모든 성경은 하나님의 영감으로 된 것으로서 교훈과 책망과 바르게 함과 의로 교육하기에 유익합니다. 성경은 하나님의 사람을 유능하게 하고, 그에게 온갖 선한 일을 할 수 있게 하는 것입니다." (딤후 3:16-17) 이렇듯 성경은 우리에게 능력을 주고, 우리를 선한 행위로 이끌어준다.

18

섣부른 위로보다
진심을 담은 기도

> 여호와는 그의 얼굴을 네게로 향하여 드사 평강 주시기를 원하노라 할지니라.
>
> (민수기 6장 26절)

"괜찮아?" 안 괜찮은 거 뻔히 알면서 꼭 괜찮냐고 물어본다. 물론 걱정이 돼서 물어본 것일 텐데, 대답할 때면 아파도 괜찮아야만 할 것 같다. 너무 아픈데 빨리 낫기를 바라니 싫은 거다.

여기에 "힘내."라는 말까지 들으면 힘이 더 빠진다. 한껏 지쳐 있는 사람한테 '힘내.'라는 말은 '내 일 아니니 알아서 잘 이겨내.'라는 의미로 들릴 수 있다.

헤어질 때 제발 이 말만은 안 했으면 좋겠는데, 결국 하고 만다. "다 잘될 거야." 위로를 전하고 있지만 모두 상투적인 말들이다.

"괜찮아?", "힘내.", "다 잘될 거야." 같은 영혼 없는 위로는 괜찮지 않고, 힘 나지 않고, 다 잘되지 않는다. 빨리 회복하라고 강요받는 기분만 든다. 어설픈 위로가 되려 독이 되는 순간이다.

독이 되는 위로

우리가 긴장하지 말라고 습관처럼 하는 말이 있다. '떨지 마.', '긴장하지 마.', '부담 갖지 마.' '시험 잘 봐.' 등은 대부분 '하지 마.'로 끝난다. 하지 말라고 해도 '떨림', '긴장', '부담', '시험'이라는 말이 강조되다 보니 오히려 긴장과 부담을 부추긴다.

이 뒤에 어김없이 나오는 말, 제발 하지 말았으면 하는 말, 바로 '편하게 생각해.'다. 떨리고 긴장돼서 큰 부담을 느끼고 있는데 어떻게 편하게 생각할 수 있단 말인가!

게다가 모두 명령어다. 안 그래도 위축된 상태인데, 어떻게 시험을 잘 볼 수 있단 말인가. 가뜩이나 불안한 사람을 더 억누를 뿐이다.

이처럼 어설픈 위로는 상대를 서운하게 만든다. 걸치레로 말하는 사람을 누가 좋아하겠는가. 관계를 유지하는 핵심은 '진정성'이다.

저자는 갑작스러운 사고로 투병 중인 환우들과 접하는 일이 많다. 그렇게 아픈 이들과 마주할 때면 섣불리 위로의 말을 건네지도, 건넬 수도 없다. 힘겹게 버티는 암 환자 앞에서 괜찮을 거라는 말은 결코 쉽게 입 밖으로 꺼낼 수 없다. 그저 환자들 앞에서 어떻게 사고가 났는지, 사고로 인해 얼마나 혼란스러운지 그 아픔을 최대한 이해하려 노력하고, 진심을 다해 기도하는 게 할 수 있는 전부일 때가 많다.

잘 들어야 축복할 수 있다

"여호와는 그의 얼굴을 네게로 향하여 드사 평강 주시기를 원하노라 할지니라." (민 6:26) 하나님이 '축복'을 통해 자신의 자녀들을 위로해주신다. 여호와의 얼굴이 우리를 향해 있다는 것은 순간이 아닌 지속적인 관심을 기울이겠다는 뜻이다. 우리 곁에서 평강의 복을 주시겠다고 말씀하신다.

우리도 성경의 언어, '평안'의 말로 상대에게 축복을 빌어줄 수 있다. 상대가 잘 됐으면 하는 마음을 담아 진심으로 전해보자. 영혼에서 나오는 정성의 말이 축복이다.

"그거 지금 해봤자 다 헛수고야." → "네 노력은 반드시 드러나게 돼 있어."

"너도 참 유별나다." → "너에겐 특별한 뭔가가 있어."

"그 정도 했으면 그만 쉬어도 괜찮지 않을까요?" → "저는 퇴사보다 버티는 사람이 더 대단하다고 생각해요."

축복의 말은 하나님의 은총으로, '당신이 [ ]되기를 바랍니다.'로 끝을 맺는다. 여기에는 상대를 진정으로 응원하는 마음이 담겨 있다. 저자는 새벽에 기도하러 교회로 오는 분들을 보며 항상 감탄한다. 이들은 전쟁터 같은 일터, 숨 막히는 치열한 취업 준비, 말 못 할 가정사 등이 한데 얽힌 인생을 살고 있다. 이런 문제를 풀기 위해 잠까지 줄여가며 새벽에 기도하러 나온 이들을 저자는 "다 괜찮아질 겁니다."라는 짧은 말로 위로해줄 수 없다. 그저 "오늘 내 바람이 이루어지지 않았다는 것은 지금도 충분히 괜찮다는 뜻입니다.", "복잡한 현실을 이겨내다 보면, 무엇을 담아도 괜찮을 만큼 여러분들은 넓고 깊은 그릇이 돼 있을 겁니다."라며 그들의 마음을 헤아릴 수밖에 없다.

위로가 서 있는 위치

'나도 힘든데 너는 오죽하겠니.'라는 말처럼, 우리는 그동안 자신의 입장에서 위로를 해왔다. 마찬가지로 '힘내.', '파이팅!'처럼 1초도 안 되는 말에 진심을 담을 수 없다. "다 괜찮아지겠지."라고 말하는 순간, 상대와 나 사이에는 적막함이 흐르고 막힌 담만 생길 뿐이다. 얘기가 통하지 않는다고 생각한 상대는 나와 거리를 둘 것이다.

"그가 저주하기를 좋아하였으니, 그 저주가 그에게 내리게 하십시오. 축복하기를 싫어하였으니, 복이 그에게서 멀어지게 하십시오." (시 109:17) '하지 마.'를 말할수록 나를 멀리하는 사람은 늘어난다. 내가 할 수 없는 것들도 많아진다. 부정한 말로 모든 것을 가둬놓기 때문이다.

반면 '축복해.'라는 말은 가능과 확신을 심어준다. 나를 돕는 사람들이 점점 많아지고, 복된 길을 열어놓기에 기적을 얻는 삶에 가까워진다. 성경은 자기중심적 사고에서 상대를 배려하는 삶으로 우리를 변화시켜 준다. 스스로가 바뀌어가는 과정 중 하나가 바로 축복의 말을 하는 것이다. '당신이 [   ]되기를 바랍니다.'로 끝을 맺는, 하나님의 은총이 닿기를 바라는 기원에는 그 어떤 위로보다 상대를 진정으로 응원하는 마음이 담겨 있다. 축복은 오직 상대를 위한 말로, 영혼에 생명을 불어넣는 기적의 언어다. 이처럼 성경 속의 지혜는 자기중심적 사고에서 상대를 배려하는 위치에 설 수 있도록 우리를 이끌어 준다.

19

교만한 조언은
당신만을 위한 것

> 만일 누구든지 무엇을 아는 줄로 생각하면 아직도 마땅히 알 것을 알지 못하는 것이요.
>
> (고린도전서 8장 2절)

상대가 속 얘기를 털어놓으면 자신도 뭔가를 해줘야 한다는 의무감에 사로잡힌다. 이때 가장 하기 쉬운 말이 충고다. 충고는 돕고 싶은 마음에서 시작된 말이기에 이중적인 성격을 갖는다.

사람들이 자기 얘기를 토로할 땐 조언을 바라는 게 아니다. 이해와 격려를 듣고 싶을 뿐이다. 속 얘기를 털어놓으면 복잡했던 생각도 정리되면서 마음이 어느 정도 편해진다. 이때 잘 듣지 않고 자기 생각이나 해결책을 말하면 상대의 마음만 불편해진다. 인간관계에서 100퍼센트 들어맞는 평가와 충고는 존재할 수 없다. 내 생각은 언제든지 선입견과 편견, 심지어 비난이 될 수 있기 때문이다.

상대의 뇌는 당신의 뇌와 다르다

섣부른 충고는 조준하지 않고 쏜 화살과 같다. 충고가 맞을 확률이 거의 없다는 뜻이다. 게다가 상대의 감정을 상하게 할 수 있기 때문에 큰 효과가 없다.

"원래 사람은 다른 사람으로 잊는 거야. 새로운 사람을 빨리 만나서 잊어."
"창업은 하면 그냥 되는 줄 알아? 조금만 더 버텨봐."
"이번 기회에 자격증을 더 따서 스펙을 보강하면 되겠네."
"네 눈이 높은 거야. 중소기업은 사람을 못 구해서 난리인데."

목마른 사람에게는 물만 건네면 된다. 원치 않는 밥까지 떠먹이려다 보니 상대의 화만 돋우게 된다.

뭐라도 해줘야겠다는 의무감, 바로 고쳐주고 싶은 욕구를

'교정 반사'라고 한다. 교정 반사가 강할수록 상대는 자신을 지키려고 저항하게 된다. 이때 상대는 스트레스와 상처로 지쳐 있는 상태다. 겉은 약해 보이지만 속은 예민한, 마치 단단히 굳어서 힘을 가할수록 부러지지 않으려는 굵은 나뭇가지와 같다. 가르치려 하면 자신이 부정당하는 기분이 들어 반발심을 자극하게 된다.

그럼에도 우리는 상대가 내 생각과 다르면 "이렇게 해보는 건 어때?"라는 말을 곧잘 한다. 상대도 신중하게 생각하고 어렵게 내린 결정을 '내 방식대로 컨설팅'까지 하려고 든다. 이때 말하는 사람은 자신의 경험과 지식이 굉장한 도움이 될 거라고 생각한다.

하지만 상대는 나의 훈수에 기분만 언짢아질 것이다. 상대는 나와 전혀 다른 사람이고, 상대가 이렇게 하기까지에는 내가 모르는 사연이 있다. 완전히 다른 환경에서 자랐기 때문에 사고 자체가 나와 아예 다르다. 이처럼 모든 게 다른데, 내 조언을 100퍼센트 받아들이기란 당연히 불가능하다.

우리는 자신이 직접 부딪혀 얻는 경험과 깨달음을 통해 변화하지, 충고와 조언만으로는 바뀌지 않는다. 자기 입장에서 하는 조언은 자기 상황에서 할 수 있는 최상의 해결책일 뿐이다. 그러니 상대의 행동이 못마땅해 보일지라도 우선은 지나치는 게 좋다. 상대를 위해서가 아니라 자신을 위해서 넘어가야 한다. 청하지도 않은 조언 때문에 신뢰를 잃을 수 있기 때문이다. 조언하고 싶어도 우선은 입을 꾹 다물어보자. 그 상태로 고개만 끄덕이자. 저절로 깊이 공감하는 사람이 된다.

"어리석은 사람도 조용하면 지혜로워 보이고, 입술을 다물고 있으면 슬기로워 보인다." (잠 17:28) 사람은 말공부, 대화법을 가르치지만, 신은 침묵을 가르친다. 상대가 속상한 감정에 빠지면 그대로 두어도 괜찮다.

시간이 걸려도 상대는 직접 해결 방안을 마련할 것이다. 상대의 감정만 알려고 해도 남 탓, 판단, 비난은 하지 않게 된다. 우리는 자신을 이해해주는 사람, 자기 감정을 나누고 싶은 사람에게 마음을 연다.

조언의 배신

누구나 활동을 위한 에너지를 가지고 있는데, 그 힘을 어디에 쏟을지 잘 정해야 한다. 일, 친구, 가족 등이 우리가 사용하는 에너지 영역에 속한다. 에너지를 쓰는 대상에는 당연히 기대감이 생긴다. 공부, 취업, 연애 등에 시간과 돈을 투자했으면 좋은 결과가 나오기를 바란다.

상대에게 관심 에너지를 계속 쏟으면 어떻게 될까? 이런 저런 조언을 해줄 것이고, 내가 한 조언대로 상대가 바뀌기를 기대하게 된다. 조언을 하고 나니 괜한 기대감이 생긴다. '내가 방법까지 알려줬으니 달라지겠지?' '지금은 좋아졌겠지?' '내가 해준 말에 고마워하고 있을까?'

관심 에너지를 쏟은 만큼 계속 신경이 쓰인다. 충고하는 동시에 기대감이라는 감정 에너지를 소모하기 시작한다. 조언대로 할지 말지, 바뀔지 안 바뀔지도 모르는데 나만 상대가 변화하기를 기다리고 있다.

상대의 사정에 지나치게 많은 에너지를 쏟을 필요 없다. 타인의 인생은 내가 어찌할 수 없는데도 남 잘되라고 내 에너지를 소모한다. 충고와 조언을 많이 할수록 자신에게 실망할 여지가 크다. 그땐 차라리 자기 일에 집중하는 편이 좋다. 원만한 관계를 위해서는 상대와 적당한 거리가 필요하다.

사적인 관계를 끌어와 일하다 보면 나중에 불편해질 때가 많다. 만약 리더라면 칭찬을 자주 하고, 팀원이라면 리더를 따르도록 하자. 동료들에게 함부로 사생활을 털어놓지 않는 것도 중요하다. 관계없는 사람에게 고민을 얘기하는 것도 쓸데없이 에너지를 소비하는 일이다. 자신의 고민이 남들에게 돌고 돌아 자기 발등을 찍게 되니, 결국 자신만 상처받는다.

살면서 남의 조언대로 살았던 적이 얼마나 될까? 세상과 직접 부딪혀서 얻은 성공, 실패, 노력 등의 경험이 지금의 자신을 만들었다. 충고를 받았더라도 결국 자기 결정대로 움직인 결과다.

여자 친구와의 결혼 때문에 고민하는 친구가 있었다. 너무 힘들어 하기에 "네가 힘든데 왜 자꾸 만나. 같이 살면 더 힘들어져. 지금도 안 늦었다."라고 말했다. 그런데 몇 달 뒤 상견례를 한다고 연락이 왔다. 정말 어이가 없었다. 그 친구를 생각해서 내 일처럼 여겨 당장 그만두라고 말렸는데, 결국 그는 자신의 소신대로 결정했다. 나는 내 결혼도 아닌데 그 친구에게 크게 실망했다. 그는 여자 친구와 행복한 삶을 살겠다는데 나는 내가 한 충고 때문에 속만 상했다.

괜히 서운했던 저자는 그 친구와 살짝 거리를 두었다. 사실 그 친구는 고민을 털어놓고 자신의 선택을 믿어줄 사람을 찾은 것뿐이었는데, 나 혼자 마음을 다했다고 착각하고 섭섭해한 것이다. 결과적으로 내가 '역공'을 해버렸으니, 지금 와서 생각하면 참 미안하다.

진짜 충고는 자신이 책임지게 하는 것

충고가 실망으로 돌아온다는 사실을 깨달은 뒤로 저자는 써야 할 에너지를 분별하기 시작했다. 걱정과 참견이 아닌 상대를 믿어주기로 했다. 성경은 말씀한다. "사람이 마음으로 자기의 앞길을 계획하지만, 그 발걸음을 인도하시는 분은 주님이시다." (잠언 16:9)

이번에도 이성 친구 문제로 고민을 들고 찾아온 청년이 있었다. 몇 가지 걸리는 부분 때문에 만나야 할지 말아야 할지 답답한 마음에 저자에게 조언을 구하러 왔던 것이다. 물론 '연애의 정석'에 대해서 말해줄 수도 있었지만, 청년에게 필요한 건 다른 게 아니었을까?

"결정해야 한다니 마음이 많이 초조하고 떨리겠구나. 그래서 우리가 기도하는 거겠지? 네가 어떤 선택을 하든 주님이 인도해주실 거야. 나도 응원할게."

판단하지 말고, 상대가 어떻게 보이는지 발견하는 것만으로도 믿음을 주기에 충분하다. 뭔가 일이 잘못됐다고 여겨서 불안해하는 사람을 본다면, 믿음을 주는 말을 건네자.

"네가 늘 진지하게 생각하고 이겨내려는 모습이 좋아."

"뭐든 열심히 하시니 그만큼 이루게 될 가능성이 높지 않을까요?"

"너처럼 연애도 진지하게 하려는 사람이 멋있어 보이더라."

"이런 고민을 나눌 수 있는 네가 있어서 너무 고마워."

몇 주 지났을까, 그 청년은 저자를 다시 찾아와서 보고 아닌 보고를 했다. 앞으로 어떤 배우자를 만나야 할지 진지하게 고민해보는 시간을 가졌다며 감사의 말을 전했다.

"만일 누구든지 무엇을 아는 줄로 생각하면 아직도 마땅히 알 것을 알지 못하는 것이요." (고전 8:2) 잘 아는 줄 알고 살면 결국 밑천만 드러나게 된다고 성경은 말씀한다. 자신이 사람을 바꿀 수 있다고 생각하는 것은 교만이다. 저자가 아무리 열심히 설교를 해도 성도의 삶이 변화하는 것은 영역 밖의 일이다. 누군가를 바꿔보겠다고 흥분하여 내질렀던 소리는 남을 정죄하는 고함이었다. 말씀대로 의로운 삶을 사는 것은 온전히 자신의 몫이다. 우리는 그저 믿어줄 뿐이다.

20

사과의 말에는 '반성'이 담겨야 한다

> 평화를 이루는 사람은 복이 있다.
> 하나님이 그들을 자기의 자녀라고 부르실 것이다.
> (마태복음 5장 9절)

"사랑은 미안하다고 말하지 않는 거예요."

새하얀 눈밭을 뒹구는 두 연인의 명장면, 명대사가 여전히 감성을 자극하는 영화 「러브 스토리」(1970)에서 여주인공 제니퍼가 했던 말이다. 하지만 잘 살펴보면 모호한 부분이 있다. 마치 "미안해."라고 해야 할 때 "(사랑하니까) 네가 이해해."라고 해도 된다는 말처럼 들린다.

우리는 사소한 실수와 잘못은 큰 해가 되지 않는다고 여긴다. 그래서인지 친밀한 관계에선 사과할 필요가 없다는 믿음이 우리 안에 깔려 있는데, 이는 분명 잘못됐다. 그렇게 사과를 안 하면, 혹은 못 하면 결국 '갈등 해결'에 무책임해질 수밖에 없다.

'괜찮겠지' 전에 자기반성

공동체에서 대립은 피할 수 없기에 갈등 자체는 문제가 되지 않는다. 진짜 문제는 불화를 회복하지 못하는 데 있다. 잘못을 반성하지 못하면 관계는 더 이상 발전하지 못한다. "미안해.", "죄송합니다."라고 말하지 못하면 그 시점부터 불신으로 이어질 수 있다.

그리고 불신은 점차 분노로 바뀐다. 같은 조직에 속해 있다면 미묘한 대립부터 시작해 말다툼도 자주 일어난다. 모든 문제는 관계라는 말이 여기서 나오는 것이다. "늘 하는 다툼이야.", "그냥 얘기하고 있는 거야."라고 대답하지만 어떻게 대처할지 몰라서 하는 말이기도 하다.

뿐만 아니다. 개인의 취향 존중을 중요시하는 요즘은 자기 성향을 그대로 인정해달라고 요구한다. '이 정도는 괜찮겠지.'처럼 잘못을 각자의 개성쯤으로 여겨 그냥 넘어가는 일이 흔하다. 그러나 윤리적 가치를 벗어난 취향을 존중해달라는 지나친 요구는 공동체의 조화를 방해한다. 자신의 취향이 상대에게 민폐가 될 수 있기 때문이다.

자신에게 용서를 남용하면 앞으로도 무책임한 행동이 반복될 뿐이다. 자신의 행동이 부끄러운 줄 모른다면 자기 인격이 망가질 뿐더러 공동체 구성원들에게 피로감을 준다. 자기 반성이 있어야 사과할 가능성도 커진다. 제대로 된 사과는 내면을 성장시키고 상대의 감정도 회복시킨다.

진짜 사과, 가짜 사과

사과는 상대에게 했던 잘못을 즉시 인정하는 것이다. 저자도 사람들과 민감한 문제를 가지고 소통할 일이 잦다. 가끔은 상처주는 말을 할 때도 있다. 자신의 말에 상대의 표정이 움찔했다면, 그의 감정을 자극한 것이다. 말이 비수처럼 그의 마음에 꽂혔다는 의미다.

그렇게 말실수를 하고 나면 하루종일 미안하다. 그래서 다음 날에 꼭 사과할 것을 다짐한다. '그분을 만나면 죄송하다고 말해야지.'라고 마음을 굳게 먹어도, 막상 그분을 멀리서 발견하면 피하고 싶어진다. 지나치면 순간은 모면하겠지만, 감정의 골은 더욱 깊어질 뿐이다. 관계가 악화되는 일을 원치 않기에 바로 다가가 사과의 말을 건넨다.

이때 본인의 과실을 애매하게 인정하는 것은 올바른 사과라고 볼 수 없다. 자신을 변명하거나 상대에게 책임을 돌리기 때문이다. "[ ]을 했는데 그렇게 보였다면 죄송합니다."라는 말은 잘못을 온전히 인정하지 않겠다는 변명에 더 가깝다. 도망갈 구멍을 만들어 죄책감을 덜고자 함이며, 자신은 지탄받을 만큼 큰 잘못을 하지 않았다는 변명일 뿐이다.

최근에는 소셜 미디어나 유튜브로 사과 메시지를 전하기도 한다. 저지른 잘못에 비해 짧은 사과 영상, 몇 줄짜리 사과문을 올리는 가벼운 태도가 오히려 반감을 산다. 온라인에 공개했지만, 피해자 앞에서 플랫폼이라는 공간 뒤로 자신을 숨긴 것이다.

"큰 문제가 안 될 거라고 생각해서 말씀드리지 않았어요. 죄송합니다."

"제 입장에서는 문제될 게 없을 줄 알았는데, 불쾌하셨다면 죄송하게 생각합니다."

"저도 모르게 헷갈렸습니다. 어쨌든 그 부분이 싫으셨다면 죄송합니다."

"제가 왜 그랬는지 저 자신도 이해가 잘 가지 않았어요. 고개 숙여 깊이 사과합니다."

"생각이 짧아서 그렇게 했습니다."

"기억은 잘 안 나지만 미안합니다."

"제가 실수했습니다. 그런데~."

사과를 잘하는 방법은 자기가 했던 과실보다 조금 더 잘못했다고 말하는 것이다. 미안한 마음을 무겁게 표현하면 진심이 더 잘 전달된다.

저자가 미국의 쇼핑센터에서 겪었던 일이다. 로비를 서둘러 걸어가는데 엄마 품에 안긴 아이의 다리와 부딪혔다. 바로 "I'm sorry."(미안합니다)라고 말했지만 왜 조심해서 다니지 못했냐는 표정이 돌아왔다. 그래서 "I didn't mean to.(고의가 아니었어요) I'm sorry."라고 한 마디를 덧붙였더니 그제야 아이 엄마는 수긍한 눈치였다. 그러고는 "It happens."(그럴 수도 있어요) 라고 말했다.

반사적으로 "미안해."라고 말하는 습관은 진정성이 떨어진다. 오히려 제대로 된 사과를 못 하게 막는 방어기제가 된다. "미안해."라는 말에는 자기반성도, 어떤 보상도, 재발 방지를 위한 약속도 들어 있지 않다.

그런데 우리는 '미안해.' 딱 세 글자로 모든 게 해결될 거라고 믿는다. 그리고 가벼운 사과는 잘하지만, 잘못의 비중이 클수록 용서를 구하지 못한다. 자존심, 억울함, 두려움 등 사과를 못 하는 이유는 여러 가지 있지만, 결정적으로 사과를 어떻게 해야 하는지 잘 모른다. 살면서 수없이 많은 잘못을 하는 것에 비해 대처 방법은 연구하지도, 개발하지도 않았다. 오히려 교묘히 피해 가는 수법만 발달했다. 그 정도로 사과는 본능적으로 꺼려지는 행위다.

사과할 결심

저자는 가끔 과거에 했던 말실수나 행동을 되새기며 자책할 때가 있다. '아, 그때 왜 그랬을까?' 그러나 잘못을 알아야만 사과할 수 있는 기회도 생긴다. "자기의 죄를 숨기는 사람은 잘 되지 못하지만, 죄를 자백하고 그것을 끊어버리는 사람은 불쌍히 여김을 받는다." (잠 28:13) 이 말씀에서 '끊어버리는' 행위가 사과다. 하나님은 화해를 청하는 사람을 불쌍히 여기신다. 즉, 사과를 하면 죄의식과 수치심에서 오는 심적 부담을 덜게 된다.

사과할 때는 자신이 실수했던 말이나 거친 언행을 구체적으로 언급해야 한다. 경솔, 상함, 불쾌, 부족함 같은 단어를 함께 사용해서 미안함을 표하자. 이렇게 하는 것만으로도 상대의 마음을 풀어줄 수 있다. 용기를 내 먼저 다가왔다는 점에 마음을 열기 때문이다. 정중한 사과는 서로 복잡했던 마음도 풀어준다.

단, 핑계나 변명은 반드시 삼가야 한다. "[ ]하려다 보니 말이 그렇게 나왔어요.", "그때는 정신이 하도 없어서[ ]."라는 식으로 조건을 달면 사과를 받는 사람은 상대에 대한 나쁜 감정을 계속 가지게 된다. 사과는 핑계 없이 잘못한 내용을 직접 언급하는 것이다.

"그냥 하면 된다고 말한 제가 경솔했어요. 죄송합니다."

"핑계라고 말해서 마음 많이 상하셨지요. 앞으로 조심하겠습니다."

"너무 쉽게 그만두라는 말을 해버렸어요. 제 생각이 짧았습니다."

"왜 안 되냐고 재촉해서 불쾌하셨을 거예요."

"모른 척 지나쳤습니다. 큰 실망을 안겨드렸습니다."

"평화를 이루는 사람은 복이 있다. 하나님이 그들을 자기의 자녀라고 부르실 것이다." (마 5:9) 먼저 사과한다고 나약한 존재가 되는 것은 아니다. 사과는 강인함과 책임감을 나타내는 행위다. 평화를 이루고자 하는 사람이 사과를 할 줄 안다. 예수님은 인간이 복을 누리고 하나님의 자녀로서 '이루는 사람'이 될 것이라고 말씀하셨다.

우리는 말로만 평화를 얘기하지, 평화를 이루려는 노력은 부족하다. 자신의 잘못과 실수를 가지고 상대 앞에 다가서는 사람이야말로 누구보다 용기 있는 강한 자다. 화해를 청하는 사람은 평화를 이루기 때문에 복이 있다고 말씀하셨다.

V

존중,
서로를 높이는 말

21

용서의 말,
사랑의 또 다른 표현

> 너희가 헤아리는 그 헤아림으로 너희도 헤아림을 도로
> 받을 것이니라.
>
> (누가복음 6장 38절)

용서, 참 어려운 말이다. 어떤 일을 어떻게 당했는지 되새기면 용서가 안 되는 경우가 많다. 상대는 잘못을 끝까지 인정하지 않는데 용서하라고? 내 마음이 지옥이 됐는데 용서하라니, 그보다 잔인한 일은 없다.

용서란 아름다운 행위임에도 때로는 엄청난 분노를 유발한다. 그런데 나만 그렇게 당하고 살아왔을까? 살아오면서 나는 어떤 잘못도 없었을까? 곰곰이 생각해보면 우리는 지금까지 무수히 많은 용서를 받으며 살아왔다. 그러니 용서를 받은

만큼, 복수가 아닌 용서로 되돌려주자.

용서의 또 다른 말은 사랑이다. 상대가 사랑으로 보이기 시작하면 해를 끼칠 일도, 상처를 줄 일도 없다. 용서할 대상으로 보이기 시작하면 품어주고 싶고, 성장시켜 주고 싶다.

그러나 사랑은 모두에게 생기지 않는다. 원한다고 사랑할 수 있는 것도 아니다. 인류가 서로 사랑했다면, 용서했다면 이렇게 절망적인 세상이 되지 않았을 것이다. 그래서 그리스도의 사랑을 깨닫는 자에게 '은총'을 얻었다고 표현한다. 억지로 한다고 용서할 수 있는 게 아니다. 용서할 마음이 생겨야 용납도 할 수 있다.

용서는 누가 하는가

오만함으로 목이 뻣뻣해 굽힐 줄 몰랐던 30대 시절, 저자는 청년 설교를 매번 이런 마음으로 준비했다. '무슨 말로 잘못을 지적하여 바로 살게 할까?' '어떤 뼈 때리는 말로 정신 좀 차리게 할까?' 심지어 저자도 안 되는 것들을 가지고 왜 못하냐고 나무란 적도 많았다. 그리고 '지적질'에 발동이 걸리면 자기 잘난 맛에 끝 모르고 계속했다.

"믿음으로 사는 사람들이 왜 그것밖에 못해? 더 잘해야지!"

"더 좋은 곳에 취업해서 영향력을 펼쳐야지."

"고생은 당연한 건데 힘들다고 관둘 생각만 하고······. 견딜 줄도 알아야지."

"기도 먼저 하지 않고 성급하게 설정하니까 문제가 되는 거야."

"벌이도 없으면서 한 달 살이 여행을 가는 게 정상이야?"

한 청년이 저자를 찾아와 할 얘기가 있다며 잠시 시간을 내달라고 했다. 교인이 목사에게 개인적인 면담을 요청하면 분명 좋지 않은 일이다. 순간 가슴이 철렁했다. 저자가 뭘 잘못했거나 무언가에 상처받았거나, 둘 중 하나다.

아니나다를까, 일 년 전쯤에 했던 설교가 자신에게 너무 상처가 됐다고 했다. "너희들은 미래를 위한 노력도, 고민도, 자신에게 어떤 변화도 주고 싶지 않은 세대"라고 말했단다. 본인은 온 힘을 쏟아 취업 준비를 하고 교회에서도 최선을 다해 봉사하고 예배드렸는데······. 기분이 몹시 상해 지금까지도 마음이 어렵다고 했다. '아, 내가 그렇게 심한 말을 했다니!' 망치로 세게 한 방 얻어맞은 기분이었다.

청년이 어렵게 얘기를 꺼냈다는 것은 저자로 인해 무려 일 년간 속앓이를 해왔다는 뜻 아닌가. 내 얼굴은 보기도 싫었을 테고, 상처는 또 얼마나 깊었을 것인가. 비단 이 청년만 그렇게 생각한 게 아니라 설교를 들었던 대부분 청년들이 같은 생각을 했을 것이다. 그렇게 저자는 스스로를 돌아보지 못하고 누군가를 바로잡으려고 하다 성경에서 하지 말라는 '정죄'를 계속하고 있었다.

"내가 그랬구나. 나는 기억도 안 나는데 그런 말을 했다니……. 그렇게까지 네가 힘들어했을 줄은 정말 몰랐어."

말은 이렇게 했지만, 사실은 어떻게든 책임을 회피하고 변명하려는 핑계에 불과했다. 우리에게 익숙한 변명과 핑계의 말인 "그럴 줄 몰랐어."를 너무 쉽게 꺼냈다. 사과해야겠다 싶어 미안하다는 말을 하려고 했을 때, 청년이 다시 울먹이며 말했다.

"이제 저는 괜찮아요. 저의 서운함을 전하는 것으로 다 됐습니다. 그간 은혜받은 목사님의 말씀이 더 많아요. 그러니 저는 정말 괜찮습니다. 고맙습니다."

여기서 저자는 두 번 죽었다. 정죄한 것도 모자라 사과할 기회조차 얻지 못했기 때문이다. 누가 목사이고 누가 성도인지 부끄러울 지경이었다. 저자는 잘못도 없는 청년의 가슴에 대못을 박았는데 그는 도리어 괜찮다고 하다니, 마치 예수님이 내 앞에 나타나신 것만 같았다.

이론만으로 배울 수 없는 게 있는데, 바로 용서와 사랑이다. 청년은 내게 사랑을 보여주었고, 용서를 가르쳐주었다. '괜찮다.'면서 울먹인 것은 저자를 용서했다는 의미일 것이다. 내 마음속 희미해진 그리스도의 십자가를 청년은 분명하고 확실하게 간직하고 있었다.

은총을 받은 자

인간은 태어나면서부터 용서받는 존재다. 부모는 무엇을 잘못한 줄도 모르던 나를 용서해가며 키웠다. 위에서 경험한 것처럼, 저자는 여전히 용서받은 자로 살아가고 있다. 내가 용서할 수 있을지 없을지 여부를 논하기 전에 누군가가 나를 용서했기에 지금껏 존재하는 것이다.

내가 하는 모든 일에 정죄와 판단, 심판을 받는다면 제대로 된 삶을 살 수 없다. 이를 깨닫는다면 용서하는 자로 살아갈 길이 열린다. 앞에서 말했던 청년을 통해 용서를 구하기도 전에 용서를 받아보니, 나에게 기적 같은 일이 일어났다. 사랑과 존중의 마음이 비판과 정죄의 마음을 덮기 시작한 것이다. 용서받은 사람의 눈으로 보는 세상은 전혀 달랐다.

성경 인물 중에서 저자가 가장 닮고 싶은 사람이 '요셉'이다. 아버지 야곱의 사랑을 독차지하자 질투를 느낀 형들은 요셉을 이집트의 노예로 팔려가도록 했다. 그렇게 보디발 장군의 집에서 종으로 일하게 됐는데, 보디발의 아내로부터 동침의 유혹을 받았다. 여자의 손을 뿌리치자 강간 미수범으로 누명을 썼고, 이 때문에 13년간 억울한 옥살이를 했다.

그의 인생은 고난과 시험의 연속이었다. 그렇게 감옥에서 절망의 시간을 보내던 어느 날, 그는 바로 왕의 이상한 꿈을 해몽했다. 왕은 요셉의 선견지명을 신뢰하여 그에게 총리 직책을 맡겼다.

가나안에 기근이 심해지자 요셉의 형들은 곡식을 구하러 이집트로 떠났다. 요셉은 이집트 총리로서 곡식을 팔다가 마침내 자신을 노예로 판 형들과 재회했다. 그러나 그들과 마주했을 때 요셉은 담담했다. 형들만 아니었다면 자신이 노예로 살 일도, 누명을 쓸 일도, 인생의 황금기를 감옥에서 썩을 일도 없었을 텐데……. 형편이 역전된 상황에서 요셉은 형들을 어떻게 대했을까?

"그러나 이제는 걱정하지 마십시오. 자책하지도 마십시오. 형님들이 나를 이곳에 팔아넘기긴 하였습니다만, 그것은 하나님이 형님들보다 앞서서 나를 여기에 보내셔서, 우리의 목숨을 살려주시려고 그렇게 하신 것입니다." (창세기 45:5) 20년 만에 재회한 형들 앞에서 요셉이 했던 용서의 말이다.

그는 어디서도 용서를 배우지 못했다. 그런데 자신을 죽이려다 실패하여 인신매매를 범했던 열 명의 형들을 어떻게 용서할 수 있었을까? 요셉은 하나님이 자신을 이집트로 보냈기 때문이라고 했다. 자신이 팔려간 것은 형들 때문이 아닌 신이 하신 일로 여겼던 것이다.

이렇게 신의 은총을 입은 사람은 용서할 수 있다. 은총이 각자의 마음에 들어서야 용서가 가능해진다.

투 플러스 인생

우리가 고난을 겪는 이유는 상대의 어려운 처지를 헤아리기 위해서다. 요셉은 식량을 구하러 온 형제들과 만났을 때, 자신도 한때 종살이하며 근근이 먹고 살았던 때를 떠올렸을 것이다. 오랜만에 나타난 형제들의 행색은 초라해 보였고, 그래서 복수보단 동정이 요셉을 자극했을 것이다.

연민은 하나님의 사랑과 자비를 불러일으킨다. 상대의 잘못과 어려운 형편은 대부분 자신이 경험한 것들이기에 측은한 마음으로 대할 수 있다. 이렇게 용서의 말을 건네보는 건 어떨까? "나도 그랬으니 괜찮아." 시련을 겪어본 사람은 신의 은총이 떠올라 인간을 더 깊이 이해할 수 있게 된다.

"너희가 헤아리는 그 헤아림으로 너희도 헤아림을 도로 받을 것이니라." (눅 6:38) 세상이 말세에 가까워지는 이유는 보복만을 정답으로 여겨 서로 맞서고 있기 때문이다. '언젠간 나도 엿 먹일 일이 있을 거야.' 나중에 골탕 먹이는 일에 성공했을지라도 그것으로 끝나지 않는다. 반드시 자신에게 더한 '빅엿'이 돌아오기 때문이다.

예수는 십자가 희생으로 용서했기에 복수의 사슬을 끊어냈고, 마침내 우리에게 새로운 삶을 주셨다. 헤아림은 고스란히 돌려받을 것이라고 예수는 말씀하셨다. 그러니 우리도 이제는 용서받은 은총으로 "나도 그랬으니 괜찮아."라고 상대를 헤아려주자.

> "너도 그렇다면, 나도 그런 거지."
> "다들 비슷한 고민을 하고 있을 거예요."
> "나와 생각이 비슷하구나."
> "그런 건 누구나 겪을 수 있는 일이야. 괜찮아."

상대의 실수는 과거의 내 실수였고, 내가 다시 범할 수 있는 실수이다. "너희가 남의 잘못을 용서해주면, 너희 하늘 아버지께서도 너희를 용서해주실 것이다. 그러나 너희가 남을 용서해주지 않으면, 너희 아버지께서도 너희의 잘못을 용서해주지 않으실 것이다." (마 6:14-15) 우리는 모두 누군가로부터 피해를 받았고, 누군가에게 가해를 해왔다. 즉 피해자이면서 가해자이기에 [0] 같은 존재다. 원점에서 용서를 하면 [+1], 복수를 하면 [-1]이 된다. 내가 용서해야 [+1] 용서도 받는 [+1], 투플러스 [+2]의 복된 인생을 살라고 성경은 말씀한다.

나의 용서로 그 사람의 잘못을 지워주자. 자신이 받은 은총이 떠올라 그도 누군가를 용서할 수 있도록 말이다.

22

"너 T야?"라고 묻는 당신에게

> 이제는 내가 사는 것이 아니요.
> 오직 내 안에 그리스도께서 사시는 것이라.
> (갈라디아서 2장 20절)

"자신에게 라벨을 많이 붙일수록 더 멍청해진다." 스팸 필터 알고리즘을 개발한 유명 프로그래머 폴 그레이엄(Paul Graham)이 한 말이다. '분류 코드'로 자신을 규정할수록 가능성과 창의성을 제한하고, 개방된 사고를 방해한다는 의미다.

최근 3-4년간의 프로필이 자신의 라벨이다. 과거의 경험이 지금의 자신을 만들었을지라도, 그것이 미래까지 결정하는 건 아니다. 현재 상황을 냉정하고 날카롭게 보려면 꼬리표를 떼야 한다. 자신을 규정하지 않아야 통찰력이 생긴다. 그 혜안이 변화된 미래를 살게 한다.

당신의 짐작이 만든 편견들

성격 유형 검사 MBTI의 열풍이 식지 않는다. 예전만 해도 재미로 묻곤 했던 것이 어느 순간 무리를 한정짓는 도구가 된 이유는 과연 뭘까?

'Myers-Briggs Type Indicator'의 약자인 MBTI는 정신의학 또는 심리학 비전공자인 마이어스(Myers)와 브릭스(Briggs)에 의해 연구소가 아닌 가정에서 개발된 검사다. MBTI를 할 때마다 결과가 달리 나오는 경우가 있는데, 이는 현재 상황과 목표가 '지금의 생각'을 바꿔놓기 때문이다. 검사 결과로 나온 유형이 최근 3-4년 동안 자신의 '사회적 프로필'이 되는 이유다. 많은 신입사원이 경력직이 됨에 따라 내성적(I)에서 외향적(E)로 변화하는 이유기도 하다.

그런데 인간의 본성과 성향을 열여섯 가지 성격 유형으로 규정한다는 게 가능할까? 사실 MBTI의 결과는 같아도 막상 겪어보면 다른 경우가 종종 있다. 알수록 놀랍고, 때로는 뒤통수를 치고 민폐를 끼치는 존재가 사람이다. 반대로 은혜를 베풀고 눈물을 닦아주는 존재 역시 사람이다. 인간의 매력은 예상을 빗나가는 신비로움에서 나온다.

성경은 창조주가 나를 오묘한 존재로 창조했다고 이야기한다. "내가 이렇게 빚어진 것이 오묘하고 주님께서 하신 일이 놀라워, 이 모든 일로 내가 주님께 감사를 드립니다." (시 139:14) 우리는 각자 특별함을 부여받았다는 뜻이다.

삶의 주인공은 자신일 수밖에 없다. 그 누구도 당신의 삶을 대신 살아주지 않기 때문이다. 그러니 자신에게 부여되었다 믿는 '기질'의 틀에서 빠져나오자. 단지 고정관념에서 벗어나자는 뜻이 아니다. 훌륭한 배우들이 해보지 못한 캐릭터를 욕심내듯, '난 이런 사람이니까.'라는 생각으로 사는 것보다 상황에 따른 캐릭터로 현명하게 바꾸며 살아보자. 한 번밖에 살 수 없는 삶인데 하나의 틀에 갇혀 머물 필요 없다. 잠재력을 발견하고 발휘하는 것은 특정 성격 유형과 관련 없이 모두 가능하다. 자신을 새롭게 하는 것만큼 진취적이고 주체적인 삶은 없다.

만약 당신이 'ISTJ니까 이렇게 생각하고, 말하고, 행동해.'라며 MBTI의 틀에 맞춰 판단하는 순간, 정해진 유형에 자신 또는 상대를 가두게 된다. MBTI의 유형으로 상대를 짐작하는 것 역시 일종의 꼬리표 붙이기다. 지금껏 전혀 다른 환경에서 살아온 점을 간과한 채 성향을 규정짓고 틀 안에 가두어 고립시키는 행위다. 그로 인한 편견 때문에 각자의 성향을 거짓으로 대답하는 경우까지 발생하게 된다.

기적을 꺾는 꼬리표

우리는 쉽게 이런 말을 한다.

"나는 원래 이런 사람이야."
"그 친구는 항상 그럴걸?"
"이 사람한테 무조건 기대하면 안 돼."
"너무 늦은 거 아니야? 차라리 그때 해보기라도 할걸……."
"걔는 이것만 고치면 다 좋은데."

습관처럼 하는 말이라 별문제 없다고 느낄 수도 있다. 하지만 이 말들은 자신을 과거에 묶어두고 꼬리표를 붙이기 때문에 매우 위험하다. '이렇다.'는 꼬리표가 붙으면 결국 '이런' 사람으로 살게 되기 때문이다. 자신을, 상대를 쉽게 단정짓는 순간, 능동적으로 미래를 꿈꿀 수 없게 된다.

또한 습관적으로 내뱉는 '아니오.', '안 돼.', '못해.' 역시 자신에게 붙이는 꼬리표다.

"이 일은 나한테 원래 안 맞아."
"내가 이걸 어떻게 해? 난 못해."
"제대로 할 수 있을까 모르겠네."
"아무래도 나는 못할 것 같아."

'아니오.'라고 말하는 순간, 도전보다 안주하려는 경향이 강해진다. 환경을 탓하고 나이와 능력을 탓하는 말은 자신의 발목을 잡는 누추한 변명이자 족쇄가 될 뿐이다.

나를 가두는 꼬리표에서 벗어나기

자신에게 꼬리표를 붙인 대표적인 사건이 성경 민수기에 나온다. 이스라엘 사람들은 이집트에서 탈출해 40년간 광야에서 생활하다 이제 하나님이 약속한 가나안 땅을 목전에 두었다. 그들은 열두 명의 정탐꾼을 낯선 땅에 보내 은밀히 정보를 가져오는 임무를 맡겼다.

그런데 돌아온 두 명을 제외한 열 명은 가나안 사람들을 보고 겁에 질려 이렇게 보고했다. "우리 스스로 보기에도 메뚜기 같으니"(민 13:33) 40년간 아무것도 없는 광야를 헤매야만 했던 고달픈 현실에 그들은 스스로를 무가치하고 보잘것없는 존재로 여겨 '메뚜기'라는 꼬리표를 붙였다.

　40년 동안 광야에서 헤맬 수밖에 없던 고난을 우리도 만날 수 있다. 그러나 결코 고난이 운명일 수 없기에 지금의 현실에 저항해야 한다. 열두 명의 정탐꾼 중 현실에 지향한 두 명(여호수아, 갈렙)이 가나안을 "그들은 우리의 먹이"(민 14:9)라고 말하며 역행과 도전으로 가나안을 정복하고 땅을 분배받았던 것처럼, 잠시 멈춰서 쉬는 한이 있더라도 후퇴나 뒷걸음질은 절대 하지 말아야 한다고 성경이 교훈한다. 과거에 사로잡힌 말은 앞길까지 막는다. 저항이란 새로운 목표를 향해 전진하는 삶이다.

　MBTI를 포함한 성격 유형 검사들도 과거에 무게를 두고 있다. 자기계발은 과거의 패턴을 추적해 자신을 발견하는 일이 아니다. 자신의 약점과 강점을 알았다면 진리의 말씀으로 단점은 보완하고 장점은 강화시키는 일이다. 자신을 깨닫는 일에서 더 나아가 그리스도의 성품을 닮아 그처럼 살기 위해 발버둥칠 때 성장한다.

　관계 맺기를 좋아하고 즐기는 외향형(E)보다 내향형(I) 사람들을 더 편안하게 여기는 사람들이 많다. 그 이유를 알고 싶어 하는 사람들에게 성경은 이렇게 말씀한다. "여러분은 지난 날의 생활 방식대로 허망한 욕정을 따라 살다가 썩어 없어질 그 옛사람을 벗어버리고, 마음의 영을 새롭게 하여, 하나님의 형상을 따라 참 의로움과 참 거룩함으로 지으심을 받은 새 사람을 입으십시오." (엡 4:22-24) 모든 성격 유형 검사들을 직격하는 말씀이다. 현실은 이미 정해진 결과가 아니다. 과거의 잘못 때문에 지금 이렇게 된 것도 아니다.

성격 역시 마찬가지다. '난 원래 이래서 이거랑은 맞지 않아.'라고 자신을 가두면 할 수 있는 게 없다. 잠재된 수많은 가능성마저 차단한다. "이제는 내가 사는 것이 아니요. 오직 내 안에 그리스도께서 사시는 것이라." (갈 2:20) 성장한다는 말은 자신의 한계를 넘어선다는 뜻이다. 편견과 규정을 넘어 사람들을 대했던 예수 그리스도, 자아를 깨뜨려 그분의 삶을 애써 살아내려고 할 때 인생의 진정한 가치는 실현된다.

23

핵심만 짧게,
말에도 교정이 필요하다

> 말이 많으면 허물을 면하기 어려우나, 그 입술을 제어하는 자는 지혜가 있느니라.
>
> (잠언 10장 19절)

 영문과를 입학해서 처음 읽은 책이 마크 트웨인(Mark Twain)이 쓴 『톰 소여의 모험』이었다. 풍자가로도 유명한 그는 내가 잊지 못할 엄청난 말을 남겼다. "목사의 설교가 20분을 넘으면 죄인도 구원받기를 포기한다." 저자의 치부가 까발려지긴 했지만, 격하게 공감되는 말이다.
 짧게 말할 줄 아는 사람이 실력 있는 사람이다. 아무리 좋은 내용이라도 말이 길면 감동을 주지 못한다. 장황하게 늘어놓을수록 말은 복잡해진다. 자기가 무슨 말을 하는지도 모르게 된다. 말 잘하는 사람은 핵심만 짧게 전달한다. 영문과를 다니면서 유일하게 기억에 남는 교수님의 가르침이 있다. "좋은 작품에는 'Redundancy'(군더더기)가 없다!"

설교, 강연과 마찬가지로 대화 역시 정보를 전달한다. 정보는 결론부터 말해야 분명하게 전달된다. 그런데 부연 설명을 먼저 하는 사람이 적지 않다.

"부장님, 저희 팀이 이번 입찰 건을 맡았잖습니까? 경쟁 프레젠테이션 준비를 위해 팀원들이 야근까지 하는데, 상대 업체 자료 수집이 길어져서 완성 파일을 늦게 보내드릴 것 같습니다."

여기서 핵심은 '파일을 늦게 보내겠다.'이다. 부장은 10초도 안 되는 말을 들으면서도 '그래서 요점이 뭐지? 하려는 말이 뭐지?'라고 생각해야 한다. 결론부터 던지자. 그러면 상대가 이유를 알고 싶어 한다.

"부장님, 입찰 프레젠테이션 파일 준비가 덜 됐습니다."
"응? 그게 무슨 소리야?"

이때 설명을 해야 사유를 제대로 전달하고, 듣는 이도 주의 깊게 들으며 내용을 파악할 수 있다.

소개팅 애프터에 성공하려면

생각나는 대로 말하면 말이 많아진다. 말이 많으면 실수가 나올 수밖에 없다. 자기 얘기를 하느라, 상대를 설득시키느라, 상대가 오해할까 싶어서 등 다양한 이유로 말을 길게 한다. 그런데 말을 길게 할 정도로 상대가 못 알아듣는 사람일까?

여기 남녀가 지금 소개팅을 하고 있다.

남: 쉴 때 주로 뭐 하세요?
여: 넷플릭스 보거나 해요. 요즘 '슬기로운 의사 생활' 재밌더라고요.
남: 아, 저는 한국 드라마가 별로라서 미국 드라마만 봐요. 한국에 비해 스토리도 탄탄하고, 몰입도가 상당해서 다음 편을 안 보면 궁금해서 못 견디겠어요.

이쯤 되면 안타깝게도 남자의 애프터 성공 확률은 절반으로 줄었다고 보면 된다. 소개팅남은 세 가지 때문에 호감을 잃었다. 첫째, 여자가 재밌게 본 드라마에 대해 부정적인 평가를 했다. 둘째, 자신이 좋아하는 장르로 주제를 바꿔버렸다. 셋째, 여자가 관심 없을 수도 있는 미국 드라마의 재미를 자랑삼아 늘어놓았다. 이런 사람들은 별로 없을 거라고 생각하는가? TMI(Too Much Information)하는 사람들은 생각보다 많다.

받은 정보에 관심을 비춰야 알려준 사람도 만족한다. 남자는 이렇게 반응하는 게 더 좋았을 것이다. "아, 슬기로운 의사 생활, 평이 괜찮죠. 의사들이 인간미가 넘치더라고요." 드라마에 대해 잘 모르겠다면 "저도 한번 봐야겠네요."라고 말하면 된다.

우리는 자신이 알고 있는 것들을 먼저 말하고 싶어 한다. 그래서 '간격'이 중요하다. 상대와 말을 주고받는 시간차를 두고 서로 득이 되고자 하는 게 무엇인지 생각해야 한다. 특히 소개팅 자리에서는 더더욱 그렇다.

형제자매들이여, 부디 다음에는 좋은 결과 있기를 응원한다.

군더더기를 삭제하라

말이 많은 이유는 순간의 지루함 때문이다. '가만히'를 못 참는다. 나의 긴 얘기를 듣는 상대는 어떨까? 내 말이 길수록 고칠 점만 귀에 들린다. 아침 운동장 조회에서 들었던 '네버 엔딩' 교장 선생님 말씀은 전혀 기억나지 않는다. 대신 고3 담임 선생님이 내게 툭 던진 말은 지금도 생생하게 기억한다. "원서는 네가 직접 써서 가지고 와." 이 얼마나 짧고, 간결하고, 명료한가!

성적이 상위권인 아이들은 긴 시간 상담하면서 학교와 전공을 놓고 저울질하느라 진을 뺐는데, 나는 군더더기 없는 선생님 말씀에 따라 지원한 곳들 중 유일하게 붙은 대학에서 영문학을 전공하게 됐다. 직접 쓴 원서 덕분에 지금껏 군더더기를 잘 써먹고 있다. 불편하게 들렸던 짧고 간결한 '셀프 원서'가 세상 진리까지 터득하게 해주었다.

설교 원고를 다 작성하면 반드시 검토하는데, 바로 군더더기를 잡아내기 위해서다. 글을 쓰다 보면 나 역시 하고 싶은 말을 쓰게 된다. 그래서 퇴고할 때, 말씀 주제와 조금도 관련이 없다면 과감하게 삭제한다. 문장도 간결한 단문으로 바꾼다.

청중들도 듣는 귀가 있어서 내가 딴소리하는지 다 안다. 허튼소리를 들으면 회중도 힘들어한다. 그들의 소중한 시간을 내가 하고 싶은 말로 채운다면 큰 무례를 범하는 것이다. 자칫 죄가 될 수도 있다. 짧게 말하는 것은 말을 줄이는 게 아니다.

<u>첨가하고 싶은 말을 참아내는 것이다.</u>

　짧고 간결해야 살아 있는 말투가 된다. 듣는 사람도 관심 가는 중요한 정보에 집중할 수 있기 때문이다. 흥미 있는 소식을 전달하면 가치 있는 사람으로 인정받고, 영향력을 발휘한다. 반대로 '라떼는 말이야~.' 같은 이야기는 모두가 예상할 수 있는데다 금방 끝나지도 않아서 정말 지루하다.

　기도도 길게 늘어지면 힘들다. 지겨움을 느꼈다면 죽어가는 말투다. '절대로', '내 생각엔', '내가 보기엔', '요즘 웬만해서' 같은 말버릇은 자기 생각을 계속 떠들게 만들어 말을 한없이 길어지게 만든다. 듣는 사람이 지칠수록 자신의 가치는 떨어진다. 말 습관만 고쳐도 대화도 사람도 살아난다.

말만큼은 단타를 쳐라

　30초 이상 말하면 듣는 상대는 지루해진다. 할 말 있다고 불러놓고 삼천포로 빠지거나, 자기 사연을 끝없이 풀어놓는 경우도 마찬가지다. 그런데 정작 말하는 당사자는 잘 모른다.

　이럴 때 상대의 이야기를 요약·정리를 해주면 효과적이다. 짧고 간결하게 말하려면 요약은 필수다. 짧은 질문을 주고받아 주제의 범위를 좁히면 상대가 말하려는 의도를 빨리 끄집어낼 수 있다. 자기 생각을 말하는 게 아니라 상대의 말을 간추리는 것이니, 이때는 말을 잘라도 괜찮다. 요약·정리는 주제를 벗어나지 못하게 막아주어 시간도 아껴준다.

"말씀을 정리해보면, 일이 [ ]됐다는 거지요?"
"중요한 것은 [ ]으로 이해했어요."
"좋아요, 요점은 [ ]였네요?"
"[ ] 일로 저를 찾아오신 거군요?"
"우선, 말씀하신 내용 중에 핵심만 정리하면 [ ]네요."

대화를 조절하다 보면 저절로 대화를 주도하게 된다. 그러면 상대도 '아차!' 싶어 중구난방으로 하던 말을 자제하게 된다. 그러니 듣기 힘들어지면 상대의 말을 요약해서 전해주자. 이럴 때 가급적 한 문장으로 설명하는 게 좋다.

무슨 말을 하려는지 도저히 감을 못 잡겠는 사람이 있다. 저자도 말이 길어지면 그렇게 된다. 이때 필요한 훈련이 한 문장으로 요약하는 것이다. 시청했던 드라마, 읽었던 소설을 그대로 두지 말고 자기 생각과 느낌을 한 문장으로 정리해서 말해보자. 스물다섯 글자 정도면 충분하다.

처음에는 단어도 생각나지 않아서 버벅거리다 실패하게

된다. 이 연습은 매우 고통스럽다. 살면서 말을 줄여본 적 없기 때문이다. 그러나 연습을 계속하다 보면 퍼즐이 맞춰지는, 톱니바퀴가 맞물려 돌아가는 희열을 느끼게 된다.

요약 훈련은 생각을 간결하고 명료하게 표현할 수 있게 한다. 그러다 보면 자존감과 자신감이 높아지고, 면접 경쟁에서 선택받을 수도 있다. 한 문장으로 정리하지 못하면 아무리 많은 시간이 주어져도 의미를 제대로 전달할 수 없다.

진심의 말일수록 짧고 굵다

"말이 많으면 허물을 면하기 어려우나, 그 입술을 제어하는 자는 지혜가 있느니라." (잠 10:19) 입술을 제어하는 자가 지혜로운 자라고 성경은 말씀한다. 여기서 '말이 많다.'는 '길게 말한다.' 그 이상을 의미한다. 자신의 감정과 생각을 함부로 말하는 것은 물론이고, 그 자리에 없는 사람을 흉보는 말도 포함한다.

자기 말을 통제하지 못하면 말쟁이가 된다. 입술을 제어하지 않으면 허물, 즉 분쟁과 다툼이 반드시 일어난다고 성경은 경고한다. 절제하는 말 속에 진심이 나온다. 진심의 말은 언제나 짧다. '사랑해.', '축복해.', '고마워.', '그럴 수도 있지.', '보고 싶어.' 만큼 깊고 묵직한 말이 또 있을까?

　간혹 우리는 짧게 말하면 상대가 이해 못 할 거라고 생각한다. 그래서 핵심은 빠뜨리고 부연 설명만 늘어놓는다. 상대는 지루해져 듣기 싫을 수밖에 없다. 여기서 갈등은 시작된다!

　당신이 상대를 설득해야 한다면 질질 끌지 말고 짧은 시간에 결판내야 한다. 결판의 말 또한 짧게 가야 한다. 설득에서 경청은 기본 중에 기본이다. 상대의 이야기를 잘 들어야만 짧고 굵게 받아칠 수 있기 때문이다. 군더더기 없이 짧고 간결하게 말할수록 카리스마가 뿜어져 나온다.

24. '이 말만은 하지 말걸!' 말실수를 줄여주는 말공부

> 의인의 마음은 대답할 말을 깊이 생각하지만, 악인의 입은 악한 말을 쏟아낸다.
>
> (잠언 15장 28절)

대화를 마치고 돌아가면서 '아, 이 말은 하지 말걸.', '괜히 말했어.'라고 자책한 적 있을 것이다. 저자는 후회했던 말을 귀찮더라도 세 가지 이유에서 메모장에 적는다. 첫째는 같은 말로 다음번 누군가에게 상처주지 않으려고, 둘째는 내가 한 말에 후회하고 싶지 않아서, 마지막은 말조심하려고 적는다. 실수를 기록하는 일은 아주 성가시다. 각고의 노력 없이는 정말 하기 어렵다. 더 중요한 건 메모 이후에 반드시 꺼내 읽어야 한다는 점이다.

대화를 복기하는 효과는 아주 탁월하다. 말공부는 이론만으로 실력이 늘지 않는다. 경건한 자세를 습득하고 훈련해야 학습 효과가 나타나 말에 품격이 생긴다.

바둑기사 이세돌은 알파고에 3연패를 당했지만, 대국 이후 쉬지 않고 복기를 했다고 한다. 그 결과 네 번째 대결에서 그는 첫 승을 거두며 AI를 이긴 유일한 인간으로 기록되었다.

어떤 말투를 쓰는지 점검이 필요하다고 판단한 저자는 바둑의 복기를 대화에 적용하면 큰 도움이 될 거라고 생각했다. 그래서 실수했던 말, 뜨끔했던 말, 반복하는 말 등을 스마트폰에 적기 시작했다. 다음에도 말실수를 줄이려면 어떤 말로 왜 잘못을 범했는지 알아야 했기 때문이다. 매번 기록하는 일은 번거롭지만, 그렇다고 긴 시간을 뺏기는 것도 아니다.

오늘 했던 첫 마디

말공부에 의지가 없으면 적지도 않았을 것이다. 기록이 귀찮다면 키워드만이라도 메모하자. 특히 화났을 때, 잘못했을 때, 싫어하는 사람 앞에서 퉁명스럽게 했던 말들을 더듬어 끄집어내자. 그때 했던 말이 자신의 진짜 모습이기 때문이다.

아래는 저자의 말실수 목록들이다. 키워드를 적고 당시의 말투와 상황을 간단히 기록했다.

[괜히화냄] 그 상황에선 나라도 화냈을 텐데, 화내서 내가 미안함.
[미리판단] 상대의 요청에 내가 미리 생각하고 판단함.
[젊은이들] 지각한 두 청년에게 '젊은 친구들이라서 늦는다.'는 말을 사람들 앞에서 해버림.
[내얘기함] 내가 겪은 비슷한 상황이 나와서 끝까지 듣지 않고 내 얘기를 해버림.
[왜못하냐] 친하다는 이유로 상대를 존중해주지 않음.

이렇게 기록해두고 나중에 읽어보면 부정적인 말들이 대부분이다. '이런 식으로 말을 하나?' 이렇게 민망함과 수치로 각인되고 나면 감정 섞인 직설화법을 자제하게 된다.

대개는 처음 내뱉는 말이 치명적인 실수가 된다. 욱하고 불쑥 튀어나오는 부정적인 말이기 때문이다. 오늘 누군가에게 했던 첫 마디를 기억해보자.

"아, 더럽게 짜증 나. 언제까지 기다려야 해!"
"그거 하면 절대 안 돼."

"너 그러다 큰일 나."
"정말 미치겠다."
"자꾸 귀찮게 해?"
"왜 나한테만 이러는데?"

이런 거친 말은 얼마든지 입 밖으로 나올 수 있다. 중요한 점은 왜 그런 말을 해야 했는지 자신의 감정 상태를 확인하는 것이다. 이것이 대화의 '현장 복기'다.

'아, 내가 지금 나에게 성질을 부렸구나.'
'이번에도 화를 못 참았구나.'
'그 사람 귀에 거슬리는 말을 했네.'

착하게 말하겠다고 아무리 마음먹어도 결국 습관, 무의식으로 인해 원래 말투로 돌아가게 된다. 그래도 좌절하지 말자. 우리는 말습관을 고치기 위해 말공부를 하고 있기 때문이다.

내 말투를 전부 바꿔보겠다고 애쓸 필요는 없다. **첫 마디만 바뀌어도 말투의 질이 달라진다**. 대화 복기로 학습이 되면 첫 마디를 어떤 말로 할지 내가 선택할 수 있게 된다. 생각 없이 말하는 게 아니라, 말할 준비를 하고 들어가는 것이다. 첫

마디에 따라서 뒤에 이어질 분위기도 달라진다. "미치겠어, 너무 짜증 나."라고 말하면 주위 사람에게까지 괜히 불평하고 싶어진다. 한순간에 그 모임은 누군가를 탓하는 분위기로 변할 수 있다.

대화 복기의 학습 효과

대화를 복기하면 부정과 비판을 억제하게 된다. 설사 투덜대고 짜증 섞인 말을 했을지라도 복기가 습관이 되면 자신의 말을 반성하게 된다. 그리고 자기에게 유리하도록 생각을 전환시켜 감정 조절도 가능해진다.

"열 받게 문제가 지금 터졌네." ➡ "이제라도 개선할 수 있어 다행이다."
"일을 퇴근 전에 시키는 사람이 어디 있어?" ➡ "또 나밖에 해결할 사람이 없는 건가? 이것도 인사고과에 반영될 거야."
"여태까지 돈도 안 모으고 뭐 했어?" ➡ "여기저기 나가는 돈이 많아서 모으기도 힘들었겠다."

저자도 대화 복기를 통해 고친 것이 있다. 오래 기다려야할 때, 정말 하기 싫을 때 '짜증나!', '왜 내가!'라는 말을 웬만해서 쓰지 않게 되었다. 대신 배울 기회로 여겨 감사하게 되었다.

대화 복기를 꾸준히 하면 자기 객관화도 가능해진다. 내 말에 집중하고, 조심하고, 참아내면서, 즉 의식하면서 말하게 된다. 매번 생각 없이 말하고 후회했다가 이제는 먼저 생각하고 말하게 되는 것이다. 그러면 자신의 의사를 명확히 전달하면서 상대도 배려하게 된다.

사과는 가장 빠른 복기 학습

저자 역시 대화 복기를 하기 전까지는 무심코 던진 말들이 많았다. 어느 날, 직장에 다니는 한 청년과 잠시 대화를 나눌 시간이 있었다. "회사는 잘 다니고 있어? 많이 힘들지?"라고 안부를 묻자 그가 대답했다. "직장 다니면서 블로그도 하고, 다양한 것들을 많이 해보고 싶어요." 이 말에 저자가 한 대꾸가 아주 한심했다. "일 욕심 그만 부리고 빨리 연애해서 결혼 먼저 해."

정말 아차 싶었다. 지금 청년들은 많은 고민을 안고 살아간다. 박한 세상에서 힘겹게 살아내야 하는 이들에게 결혼은 언감생심일 수 있다. 나는 이들의 복잡한 심경도 모르고 너무 쉽게 '결혼하라.'는 말을 함부로 해버렸다. 결혼이 그렇게 간단한 문제인가.

뜨끔했던 순간이 머릿속을 떠나지 않았고, 그 친구에게 미안한 마음은 계속 들었다. 안 되겠다 싶어서 그날 저녁, 사과 메시지를 보냈다. 미래를 고민하며 살아가는 너에게 "빨리 연애해서 결혼해."라고 말해서 진짜 미안하다고 했다.

사과는 가장 중요한 대화 복기다. "빨리 결혼해."라고 경솔하게 말했다가 부끄러움을 느낀 뒤로 저자는 타인을 쉽게 판단하지 않게 되었다. 그때 사과하지 않았다면 여전히 부주의하고 무책임했을 것이다.

"너를 고소하는 사람과 함께 법정으로 갈 때에는, 도중에 얼른 그와 화해하도록 하여라." (마 5:25) 이 말씀에서 핵심 단어는 '얼른'이다. 잘못한 사람이 먼저 다가가 사과해야 할 책임이 있다고 말씀한다. 사과를 먼저 해본 사람은 안다. 사과하면 복기를 따로 하지 않아도 상처줬던 말들이 마음에 깊이, 오랫동안 새겨진다.

"의인의 마음은 대답할 말을 깊이 생각하지만, 악인의 입은 악한 말을 쏟아낸다." (잠 15:28) 성경은 자신의 말을 살피는 사람이 의인이라고 말씀한다. 이처럼 대화를 되새겨보는 것은

'대답할 말을 깊이 생각하기 위함'이다. 복기를 해보지 않으면 감정 섞인 말부터 쏟아내기 쉽다. 대답을 경시하는 것은 상대방의 문제를 무시하는 태도다. 즉 격조 높은 대화를 나누고 싶다면 신중하게 말해야 한다.

저자에게 말실수 목록은 귀한 자산이 되었다. 부끄러웠던 말들은 값진 자산이 되어 큰 이득을 가져다줄 것이다. 완벽한 말을 위해 노력했던 얘기를 애서 끄집어내려는 게 아니다. **인간관계도 훈련이 필요하듯 말에도 공부가 필요하다.** 그래야 갈등을 해결하고 개인의 성장도 이룰 수 있다.

25
짐작과 판정은
불통의 말을 부른다

> 그러므로 여러분은 거짓을 버리고, 각각 자기 이웃과
> 더불어 참된 말을 하십시오.
> 우리는 한 몸의 지체들입니다.
>
> (에베소서 4장 25절)

"요새 일이 좀 안 풀리나 봐?" "딱 보면 다 알지." "내가 보기엔 너 이렇더라."

왜 사람들은 다 알고 있다는 듯이 말을 할까? 나니까 너를 잘 안다고 생각할 때 관계는 불편해진다. 상대는 '네가 뭔데 날 알아?'라고 생각할 것이다. 짐작은 틀릴 확률이 높다. 혹여 맞았다 하더라도 누군가가 나를 들추는 일을 원치 않는다. 허물없이 지내는 사이여도 간혹 어떤 날은 내 얘기를 꺼내는 게 싫을 수 있다. 일방적인 판단이 계속되면 소통은 어려워진다.

점쟁이 사고방식?!

사람은 본능적으로 자신을 합리화하고 방어한다. 자기 의견을 제시한 다음 이렇게 말한다. "대부분 이렇게 생각하지 않아?" 자기 생각이 보편적이라며 정당화한다. 그러면서 "나니까 이렇게 해주는 거야."라며 자신을 특별한 존재로 부각시킨다. 상대의 입장을 자신의 입장으로 바꾸는 말도 있다. "그럴 줄 알았어."는 상대가 좋은 일을 겪든, 나쁜 일을 겪든 상관없이 자기 편한 대로 하는 말이다. 이처럼 다 안다는 듯이 말하는 건 점쟁이 사고방식이다.(본인 직업이 무속인이라면 상관없다.)

"그럴 줄 알았다."라는 말에 근거는 어디에도 없다. 그럼에도 우리는 자기주장이 옳다는 표현을 지나치게 많이 한다.

"이건 나만 제대로 알고 있지."
"나는 절대로 틀릴 리 없어."
"너는 절대 내 말을 이해 못 할 거야."
"정말 아무것도 모르는구나. 내가 말하는 게 다 맞아."

이렇듯 타인의 경험과 기분은 고려하지 않고 자신의 추측을 사실인 양 말한다.

틀렸다는 게 탄로 나면

다 안다는 것은 책임을 회피하겠다는 뜻이기도 하다. 부정적인 일을 자신과 연관 짓고 싶지 않기 때문이다.

"이건 처음부터 맘에 안 들었어."
"어쩐지 시작 전부터 뭔가 별로였어."

다 아는 것처럼 말했다가 틀렸다는 게 드러나면 본능적으로 방어기제를 사용한다. 지적을 받으면 수긍하지 못하고 되받아치는 것이다. 우리는 대부분 이를 잘 의식하지 못한다.

"네가 먼저 잘못했잖아."
"너는 실수한 적 없어?"
"네가 그럴 자격은 되고?"
"나한테 신경 끄고 너나 잘하세요."
"난 이미 할 만큼 했어."

자신이 틀렸다는 게 탄로 나면 자기가 했던 말을 쉽게 인정하지 않게 된다. 이때 감정은 예민해져 공격적인 말투가 나온다. 특히 방어기제가 강한 사람은 상대의 약점을 드러내 자신을 더 강한 존재로 인정받고 싶어 한다.

인간은 자신이 보고 싶은 것만 보고, 듣고 싶은 것만 듣는 불안정한 존재다. 예수께서 말씀하셨다. "**너희가 눈이 있어도 보지 못하고, 귀가 있어도 듣지 못하느냐? 기억하지 못하느냐?**" (막 8:18) 자신의 욕구가 앞을 가려서 보이는 모습, 들리는 소리 등을 그대로 관찰하지 못한다는 뜻이다. 우리는 근거도 확인하지 않은 채 자신의 생각을 주장하고, 그로 인해 주변 사람들을 힘들게 한다. 정확하지 않은 잣대와 판단만을 가지고 말이다.

판단은 거두고 사실은 말하고

"**내가 돌이켜 지혜와 망령됨과 어리석음을 보았나니**" (전 2:12) 이 말씀을 기록한 솔로몬 왕은 자신을 돌이켜 과오를 발견한다. 판단에서 돌아오는 것이 대화의 시작이다. '저 사람은 되게 이기적이야.'라고 판단하는 것과 '내가 저 사람을 이기적인 사람이라고 평가하고 있구나.'는 확연히 다른 생각이다. 후자는 자신의 생각을 돌이켰기 때문에 가능하다.

자신을 돌아보고 반성해야 오류를 발견할 수 있다. 내 생각이 그렇다는 거지, 상대는 이기적이지 아닐 수 있다. 상대는 내가 아는 모습보다 훨씬 다양한 모습을 가지고 있다.

'지금 하는 얘기가 그에게 혼란을 줄 수도 있겠어. 다시 명확하게 전달해야겠다.'

'지금 성급하게 얘기했다간 화만 돋을 수 있어. 얘기를 좀 더 들어 보자.'

'화낼 일은 분명 아니야. 흥분을 가라앉히고 들어 보자.'

'보기와는 다르니 절대 넘겨짚지 말자.'

섣부른 판단을 거두면 타인을 이해하는 '긍휼함'이 생긴다. 우리가 말공부를 하는 이유는 내가 하는 말을 인지하고, 했던 말을 깨닫기 위해서다. 직감으로 판단하는 것을 참아내고 객관적인 시각을 유지해 상대를 더 관찰해보자. 내 생각과 다른 모습이 많이 보일 것이다.

청년들이 가끔 저자에게 묻는다. "이 형제 어때요? 저 자매 어때요?" 연애와 결혼이 화두인 청춘들이 관심 가는 사람에 대해 묻는 건 너무 당연하다. 그러나 저자가 어떤 설명을 한들, 그들에게 선입견만 줄 뿐이다. 좋게 말해도 그들의 생각과 다르면 혼란만 가중시키게 된다. "그 친구는 그 친구일 뿐이지. 네가 보면서 드는 생각이 그 사람일 거야."

내가 겪은 일을 이야기할 때 [그 경험]과 [내 생각]은 합쳐져서 [진실]로 둔갑된다. 기록자의 주관을 우리는 어쩔 수 없이 역사로 받아들인다. 우리가 주관적 왜곡 없이 타인의 행동과 성격에 대해 말하려면 어떻게 해야 할까? 어떻게 하면 사실만을 전할 수 있을까?

답은 간단하다. 관찰한 대로 말하면 된다. 그래야 나중에 험담하고 다닌다는 흠도 잡히지 않는다. 긍정의 말, 부정의 말 모두 상대에게 자극을 유발한다. 특히 사람에 관해 말할 때 점쟁이 말투가 발동하는데, 이는 즉흥적이고 직관적으로 사람을 판단하고 싶기 때문이다.

[질문]   "김 대리는 팀에 잘 적응하고 있나요?"
[판단 대답] "재능이 많아서 일은 잘하는데 말수가 적어서 재미는 없습니다."

김 대리가 이 대답을 듣는다면 자신은 안 그렇다며 수긍하지 않을 수도 있다. 그리고 질문자는 추측성 대답으로 인해 괜한 기대감을 갖게 된다. 대답이 덤덤하더라도 사실만 얘기하는 게 좋다. 자기 생각이 아니라 자기가 본 것만 전하자.

[사실 대답] "지난 미팅 때 자료를 많이 준비하여 팀원들이 칭찬했습니다."

거짓은 해롭고 진실은 이롭다

"그러므로 여러분은 거짓을 버리고, 각각 자기 이웃과 더불어 참된 말을 하십시오. 우리는 서로 한 몸의 지체들입니다." (엡 4:25) 판단은 얼마든지 거짓이 될 수 있다. 그래서 성경은 거짓을 버리고 진실된 말을 하라고 한다. 직장 내에서 '이 정도는 말해도 괜찮겠지?'라며 저마다 서로에게 부정적인 소견을 밝히거나 평가를 한다면 조직의 분위기는 악화될 게 뻔하다. 섣부른 판단은 불신을 조장하여 서로 한 몸이 되어야 할 구성원 간에 신뢰를 무너뜨리기 때문이다.

참된 것, 즉 진실을 말해야 하는 이유는 우리가 서로 한 지체라고 말씀했기 때문이다. 지체(肢體)란 팔, 다리, 손, 발, 머리 등이 모여 한 몸을 이루었다는 뜻이다. 사회 조직은 사람들로 연결된 몸통과 같아서 무엇보다 인간관계가 중요하다. 판단은 얼마든지 거짓이 될 수 있기에, 구성원 간 신뢰를 무너뜨려 공동체 전체에 악영향을 끼친다.

참된 말이란 자신이 꼭 지킬 수 있을 때 의미가 있다. 그러니 가급적 호언장담은 피해야 한다. 우리는 '내 말이 틀리면 손에 장을 지진다.', '내가 다시 담배를 피우면 성(姓)을 간다.'는 말을 곧잘 쓴다. 그런데 손바닥에 불을 지필 일도, 성을 바꿀 일도 수시로 일어난다. 그만큼 우리는 자기 확신조차 경솔한 직관에 의존하고 있다는 뜻이다.

아무리 점쟁이의 말이 진심이라 할지라도, 그의 평가에 기분이 언짢을 수밖에 없다. 앞날이 궁금해서 점을 보러 가기보다는 듣고 싶은 말을 듣고 싶어서 점집을 찾는 것은 아닐까? 자신이 원했던 말을 들었을지라도 점괘는 점술가의 개인적 판단에 지나지 않는다. 그래서 듣고 나면 뒤끝이 더 찜찜하다. 자신의 인격이 평가의 대상이 되었기 때문이다.

'거짓 말고 참을 말하라.'는 성경 말씀은 불리한 상황에서도 진실을 추구하고 정직하게 행하라는 뜻이다. 자기 앞에 놓인 현상, 그 진실은 한눈에 알 수 있는 게 아니며, 직관 이상의 노력이 필요하다. 서로에게 충분한 시간과 관심을 기울여야만 진정한 소통이 가능하고, 이를 바탕으로 신뢰를 쌓을 수 있다.

26
가까울수록 필요한 '다정한 거리감'의 언어

> 허물을 덮어주면 사랑을 받고, 허물을 거듭 말하면 친구를 갈라놓는다.
>
> (잠언 17장 9절)

　　　　　　　　　한 번 내뱉은 말은 다시 담을 수 없다. 무심코 한 말이 꼭 상처를 준다. 때로는 평생 아픔으로 남아 원한을 사기도 한다. 사랑하는 가족 사이라면 더욱 그렇다. 가깝다는 이유로 모든 것을 이해해줄 거라는 착각, 그렇게 거리감 없이 던지는 말이 막말로 번져 가족 간에 상처를 준다.

가족은 나의 확장판이 아니다

거칠고 공격적인 말은 폭력과 다름없다. 특히 상대가 가족일 땐 회복하기 힘들 정도의 상처를 줄 수 있다. 관계가 깨지는 건 말할 것도 없다. 그런데 정작 본인은 자신이 갈등을 일으키는 장본인이라는 사실조차 모르는 경우가 많다.

아내가 남편에게, "아주 끝장을 볼 때까지 마셔라. 들어오지도 마!"

남편이 아내에게, "넌 정말 이해할 수 없는 존재야. 하는 생각마다 왜 그래?"

부모가 자녀에게, "대체 정신머리를 어디에 두고 다녀. 왜 맨날 빠뜨리는데?"

동생이 형이나 누나에게, "내가 싫어서 안 하는 건데 뭐 어쩌라고? 웬 참견이야?"

우리는 대부분 자신을 '비난하지 않는 사람'이라고 생각한다. 하지만 대화를 복기해보면 비난의 말을 했는지 안 했는지 알 수 있다. 그런데 대화를 아무리 복기해도 비난의 말을 찾지 못하는 경우가 있다. 바로 가족과의 대화가 그렇다.

"스마트폰만 하니까 애들도 방치되잖아. 퍼져만 있지 말고 아빠가 됐으면 좀 놀아줘."

"내가 언제 스마트폰만 했어? 일 다녀와서 잠깐 하는 걸 가지고 뭔 잔소리를 그렇게 해."

결혼을 하면 많은 경우 포장을 내려놓는다. 가면을 벗은 자신의 민낯을 상대가 이해할 수 있을 거라 여긴다. 가까운 사이일수록 상대를 자신의 '확장판'으로 생각하기 때문이다. 그래서 가족을 자신의 일부로 여기며 자신이 원하는 대로 상대가 맞춰주기를 바란다. 상대 의견은 묻지도 않고 통보하는 식이다. 더 이상 소통은 없고 다툼만 남는다.

친할수록 해선 안 될 것들

친밀할수록 점쟁이 말투는 더 쉽게, 더 자주 나온다. 상대의 처지를 잘 알지도 못하면서 결론을 말한다. "몸이 좀 피곤해서 일찍 들어갈래."라고 하면 "너 어제 또 달렸지?", "아까만 해도 괜찮더니 왜? 일하기 싫어서 그래?" 등 추측성 말들이 난무한다.

상대로부터 짐작과 단정 짓는 말을 들으면 가끔 정이 뚝 떨어지기도 한다. 모든 상황을 눈치챘더라도 "이렇네, 저렇네."하고 단정해버리면 상대와 얘기하기 싫어진다. 나는 '문제 해결'을 원하는 게 아니다. 누군가에게 편하게 말하고 싶을 뿐이다. 고민을 가진 사람이 먼저 말을 꺼내도록 조심스레 물어보면서 가만히 들어주고 수긍하는 것, 이런 헤아림을 상대는 원한다.

친밀한 사이라고 해서 빈번하게 부탁하면 관계가 불편해질 수 있다. 친해서 기껏 부탁을 들어주면 고마워할 줄도 모른다. 친하다는 이유로 이 사람 저 사람 끌고 와서 "내가 아끼는 후배인데 네가 잘 좀 챙겨줘."라고 부탁한다. 얼마나 깊은 관계인지도 모르는 사람에게 뭘 어떻게 챙겨줘야 하나 싶어 곤란하다.

청탁 또한 난감하다. "너랑 나 사이에 이 정도는 얘기해줄 수 있잖아. 좀 해줘." 정말 친한 사람은 따로 아낀다. 나중에 관계가 서먹해지는 게 싫어서 난처한 부탁은 하지도 않는다. 애정이 있다면 내 일로 상대를 방해하고 싶지 않다.

특히 금전 관련 부탁은 상대에게 큰 부담을 준다. 굳이 비밀을 만들어 같이 책임을 지우게 하지 말자. 부담을 느낀 상대는 나와 거리를 두게 되고, 손절 당할 수도 있다. 친구의 도움이 없어도 해결 방법은 얼마든지 찾을 수 있다. 자신이 부담을 감수하기 싫어서 쉬운 친구부터 찾는 것뿐이다. 다음은 우리가 쉽게 선 넘는 '불편한 부탁'이다.

"내일 차가(돈이) 필요한데, 네가 빌려줄래?"
"우리 강아지 좀 며칠만 데리고 있어 줘."
"너한테만 얘기해주는 거야. 절대 다른 사람들한테 말하면 안 돼."

친할수록 함부로 말하지도 말고, 부탁도 하지 말자. 옆구리 찔러 뭔가를 캐내려고 하지도 말자. 손절의 시간만 가까워진다.

내 자랑은 하고 네 허물은 까고

안 할 것 같다가도 꼭 하게 되는 것이 자랑이다. 돈, 자녀 등의 문제를 겪고 있는 사람 앞에서 '그새 집값이 올랐더라고.', '우리 애가 그 대학에 붙었잖아.' 같은 얘기를 꼭 한다. 내 남편이 퇴직한 걸 알고 있으면서 자기 남편이 임원 됐다는 얘기를 기어코 한다.

가장 못난 자랑이 '여행'이다. 여행은 다녀온 것만으로도 자랑거리가 된다. 그리고 누군가에겐 그로 인해 박탈감을 안겨준다. 여행을 싫어하는 사람이 있을까? 가고 싶어도 돈, 시간, 건강이 안 돼서 못 가는 사람들이 있다. 가족 중에 아픈 사람 한 명만 있어도 못 가는 게 여행이다.

이 같은 자랑을 나는 안 할 거 같은가? 의외로 많은 사람이 자신의 성과를 들어 보라고 상대의 형편을 생각하지 않고 말한다.

저자도 지금 뉘우치는 일이 있다. "이번 휴가 때 일본에 가. 너는 어디 안 가?"라고 물어봤더니 친구는 "시간도 없고 해서……."라며 대충 얼버무렸다. 가만 생각해보니 그는 휴가를 갈 형편이 안 됐다. 어머님도 편찮아 누워 계셨고, 간병비를 지출하느라 휴가비도 부족했을 것이다.

자랑도 선을 지켜서 해야 한다. 자신의 성과를 말하고 싶다면 함께 성장하고 있는 사람 앞에서 하자. 이런 자랑은 서로에게 공부가 된다. 상대의 사정을 알고 있다면 자랑 대신 겸손하자. 그래야 당신의 품격이 드러난다.

친밀한 사이일수록 놀리는 말도 자주 한다. 오랜 친구의 약점은 누구보다 내가 잘 안다. 그래서 간혹 모임에서 돋보이고 싶은 마음에 친구의 약점을 꺼내는 경우가 많다. "얘 학교 다닐 때 툭 하면 질질 짜고 다녔어. 그땐 완전 찌질했는데, 지금은 많이 컸지."

장난쳐도 되는 상황이라고 해도 수위는 잘 조절해야 한다. 어머니가 일찍 돌아가신 사실을 알리고 싶지 않은데 굳이 "엄마 없이도 아주 잘 컸어."라고 말하는 사람이 친척 중에 꼭 있다. 상대의 아킬레스건을 언급하는 순간, 말은 칼이 된다.

사랑은 허다한 죄를 덮는 것

상대의 결점을 폭로하는 말에는 비하하려는 의도가 담겨 있다. 상대가 지키고 싶은 것들, 사생활을 까발렸는데 어떻게 원만한 관계를 기대할 수 있을까?

저자 역시 '자기 의'(내가 옳음)가 강한 때가 있었다. 물론 지금도 누군가의 잘못을 보면 불쑥 의가 튀어나온다. 언젠가 친한 선배의 잘못을 직언한 적이 있다. 돌이켜보니 선배의 사정을 모르는 상황이었다. 게다가 지금은 저자가 선배가 했던 잘못을 똑같이 하고 있다. 허물없이 완전한 사람은 이 세상에 없다. 그래서 성경은 서로 용납하고 감싸줄 것을 교훈한다.

"허물을 덮어주면 사랑을 받고, 허물을 거듭 말하면 친구를 갈라놓는다." (잠언 17:9) 원만한 관계를 위해서 잘못을 덮어주자는 게 아니다. 모든 사람은 허물이 있고, 성경은 이를 죄인이라고 한다. 죄인은 용서받지 못하면 살 수 없는 존재다. 예수는 인간의 죄와 허물을 용서하기 위해 십자가에 못 박혔다. '목숨을 다해 우리를 용서한 것'이다. 그러므로 허물을 덮는다는 것은 '적극적으로 용서하라.'는 의미다.

한때는 서로를 사랑해서 북받치는 감정도 누르고, 하고 싶은 말도 참았다. 상대의 실수와 흠마저도 품어낼 수 있었다. 그런 단점들이 이제 나를 실망시킨다는 이유로 사랑이 미움과 분노로 변했다. 허물을 덮어준다는 건 애초부터 상대의 잘못을 용서하고, 그것을 문제 삼지 않겠다는 뜻이 아니던가? "무엇보다도 뜨겁게 서로 사랑할지니, 사랑은 허다한 죄를 덮느니라." (벧전 4:8) 상대의 결점으로 인해 마음속 울분을 참아낸 경험이 있다면, 그것은 여전히 내가 참고 이해하겠다는 깊은 사랑의 표현이다. 사랑의 증인이 되고자 한다면 덮어주자. 허물을 덮어주는 사람은 누구에게나 이상형이다.

VI

평정,
호흡을 다스리는 말

27

한 번 더 생각하고 담는다

> 자기의 생각만을 신뢰하는 사람은 미련한 사람이지만,
> 지혜롭게 사는 사람은 구원을 받는다.
> (잠언 28장 26절)

우리는 자신의 말이 거의 100퍼센트 맞는다고 생각한다. 뇌가 속임수를 쓰기 때문이다. 불확실한 미래에 현실을 사는 게 힘들다 보니 뇌는 '아니야, 이건 확실해.', '절대 그럴 리 없어.'라고 믿게 만든다. 가짜 뉴스를 퍼뜨리고 믿는 이유다.

뇌의 속임수에 빠지면 오직 자신의 입장에서만 세상을 바라보게 된다. 타인의 생각을 인정하지 못한다. 자신의 실수를 알아차리지 못하고, 잘못을 시인하지 않는다. 특히 댓글 논쟁

을 할 때 그렇다. 결국 서로 옳다고 주장하다 언쟁이 일어나고 인간관계는 어긋난다.

선동당하는 우리의 뇌

소셜 미디어를 끊지 못하는 이유는 '내 얘기'를 계속하고 싶기 때문이다. 프리스턴 대학 심리학과 교수 다이애나 타미르(Diana Tamir)와 하버드 대학 심리학과 교수 제이슨 미첼(Jason Mitchell)은 fMRI(기능적 자기공명영상)를 통해 말과 도파민의 연관성에 관한 연구를 진행했다. 자기 생각과 신념을 다른 사람에게 전달할 때 뇌에서 도파민이 분비되어 쾌감을 느낀다는 것이다.

소셜 미디어에 게시물을 올리고 댓글을 쓸 때, 우리는 순간 몰입하게 된다. 뇌가 즐거운 일로 받아들이기 때문이다. 다른 사람들의 관심을 받기 위해 공격적인 댓글을 다는 것도 이런 맥락이다. 악플을 다는 건 자신의 쾌락을 위해 폭력적이고 부정적인 생각을 여과 없이 드러낸 행위다.

악플이 달리면 가장 먼저 어떤 일이 벌어질까? 유사한 생각을 가진 사람들이 순식간에 모여든다. 자극적인 댓글에 선동되고, 편을 갈라 '집단 사고'가 형성된다. 이런 갈라치기가 지속, 변질되면 '집단 저능'으로 나타난다.

독일 보훔루르 대학의 레오니 뢰스너(Leonie Rösner) 박사 연구팀은 댓글의 동조 효과를 알아보기 위한 실험을 했다. 실험 참가자들이 읽는 한 기사에는 침착한 표현의 댓글을, 다른 기사에는 폭력적인 댓글을 달았다. 자신의 견해와 일치한 악플이 이미 달려 있을 때, 사람들이 공격적인 댓글을 가장 많이 다는 것으로 나타났다.

소셜 미디어의 가짜 뉴스는 사실 여부를 확인하지 않고 공유하는 습관 때문에 퍼진다. 예일 대학, 서던캘리포니아 대학 공동 연구팀은 페이스북 이용자에게 게시물 공유를 얼마나 자주 하는지 조사했다. 습관적 사용자와 일반적 사용자로 구분하여 참가자 200명에게 가짜 뉴스 여덟 건, 정확한 뉴스 여덟 건을 보여준 뒤 공유하도록 했다. 그러자 일반 사용자의 6퍼센트가 가짜 뉴스를, 15퍼센트가 정확한 뉴스를 공유했다. 습관적 사용자는 38퍼센트가 가짜 뉴스를, 43퍼센트가 정확한 뉴스를 공유했다. 사건의 진위에 상관없이 뉴스를 빨리 퍼 날라 '좋아요'로 인정받고 싶다는 욕구가 공유하는 습관을 더 자극한 것이다.

"어리석은 자는 모든 말을 다 믿으나, 슬기로운 자는 자기의 행동을 삼가느니라." (잠 14:15) 성경은 지나친 동질성과 편향성을 경계하라고 말씀한다. 잘못된 정보가 퍼지는 이유가 '공유하는 습관' 때문이라는 것을 위의 연구 결과가 보여주듯, 가짜 뉴스를 공유하는 습관은 '한 번 더' 생각하지 않기 때문에 일어난다. 소셜 미디어는 개개인이 독립적인 사고를 하지 않고 주변의 생각에 더 큰 관심을 두게 한다. 맹목적 수용은 이성적으로 생각하지 못하도록 막는다. 성경은 이를 어리석은 자라 부른다. 슬기로운 자는 기분대로 느낌대로 사는 것을 경계한다.

예수가 죽게 된 이유

누가복음 23장에는 집단 지성과 인지 편향이 동시에 일어나 예수님이 처형당한 비극적 사건이 기록되어 있다. 다음은 체포된 예수님이 심문을 당하는 장면이다.

> 빌라도: 내가 보니 이 사람에게는 아무 죄도 없소.
> 무리:　그 사람은 갈릴리에서 시작해서 여기에 이르기까지, 온 유대를 누비면서 가르치며 백성을 선동하고 있습니다.
> 빌라도: 내가 그대들 앞에서 친히 심문하여 보았지만, 그

대들이 고발한 것과 같은 죄목은 아무것도 이 사람에게서 찾지 못하였소. 사형을 받을 만한 일을 하나도 저지르지 않았소.

무리: 이 자를 없애고, 바라바를 우리에게 놓아주시오.

난데없이 '바라바'라는 '개소리'가 등장한다. 바라바는 폭동과 살인 때문에 감옥에 갇힌 자이다. 예수 사건과는 아무 관련 없는 사람이다.

빌라도: 이 사람은 사형받을 만한 일을 하나도 저지르지 않았소.(빌라도는 예수를 놓아주자며 다시 무리에게 말했다.)

무리: 그자를 십자가에 못 박으시오! 십자가에 못 박으시오!

빌라도: 도대체 이 사람이 무슨 나쁜 일을 하였단 말이오? 나는 그에게서 사형에 처할 만한 죄를 아무것도 찾지 못하였소. 그러므로 나는 그를 매질이나 해서 놓아줄까 하오.

"그러나 그들은 마구 우기면서, 예수를 십자가에 못 박으라고 큰 소리로 요구하였다." (눅 23:23) 당시 유대인들은 죽일 만한 죄가 없음에도 예수를 처형하도록 강요했다. 여론의 거센 후폭풍이 두려워 진실을 외면했던 빌라도의 판결은 결국 무고한 사람을 희생시켰다. "그들의 소리가 이겼다." (눅 23:23)

개소리에 대하여

한국뿐 아니라 전 세계에는 소위 '개소리'(Bullshit)가 넘쳐난다. 개소리는 비속어처럼 들리지만, 여기에는 매우 복잡한 의미가 담겨 있다.

저자가 언어에 관해 인상 깊게 읽었던 책으로 『개소리에 대하여』가 있다. 해리 G. 프랭크퍼트(Harry G. Frankfurt)는 프린스턴 대학 철학과 교수로, 무엇이 진실이고 거짓인지 관심도 없는 사람들이 정치판을 지배하고 있다는 사실에 경각심을 가져야 한다고 주장한다. 그들은 사실과 관계없이 원하는 결과를 얻기 위해서라면 자신에게 유리한 방향으로 말을 한다는 것이다. 프랭크퍼트 교수는 '사실 왜건, 파편적 정보, 황당한 거짓말' 모두를 포괄하는 용어를 정립하고자 했다. 그래서 『개소리에 대하여』에서 '개소리'라는 용어를 정의했다. 이는 현재 시사적 의미로 널리 사용되고 있다.

'무조건 내 말이 맞다.'라는 뇌의 속임수는 이런 개소리마저 믿게 만든다. 사람들은 자신의 판단과 결정이 이성적이라고 믿고 있지만, 사실 그렇지 않다. 뇌는 어떤 정보에 대해 논리적으로 평가하는 과정을 철저히 무시한다. 공포와 두려움에서 벗어나고 싶어 하는 것이 인간의 본능이다. 그렇기에 자신이 원하는 현실이 개소리와 일치할 때 진실보다 개소리를 믿는다. 인지 편향이다. 개소리는 선거철 같은 '빅 이벤트'가 다가올 때 여지없이 나돌기 시작한다. 대중의 판단을 흐리게 하여 경제 이익, 권력 획득, 특정 이념의 확산 등을 노린다. 개소리는 '믿고 싶은 것만 믿는' 인간의 약점을 교묘하게 파고들어 혼란을 조장한다.

"어머, 이 고급스러운 모임과 너무 잘 맞을 것 같아요."

"어머님, 강남 아이들은 이거 다 해요. 특강반 마감되면 다음 학기 따라가기 힘들 거예요."

"아버님, 아이를 주니어 골프 클럽에서 전문적으로 배우게 하면 어떨까요? 캠프 참가자들에게 기회를 다 주는 건 아니고요. 자제분의 운동 신경이 다른 아이들에 비해 뛰어나서 말씀드리는 거예요."

이처럼 누군가의 명성을 이용해 공포심을 조장하거나 허

영심을 부추겨 가입이나 등록을 하게 만드는 경우가 허다하다. 이런 경우 실제로 그 모임이 어떤 모임인지, 특강반 정원은 몇 명이고 얼마나 등록했는지, 자녀의 운동 신경이 어느 정도인지 확인하지 않고 그저 휩쓸렸을 가능성이 매우 크다.

개소리로부터 나를 지키는 법

"때가 이르면, 사람들이 건전한 교훈을 받으려 하지 않고, 귀를 즐겁게 하는 말을 들으려고 자기네 욕심에 맞추어 스승을 모아들일 것입니다. 그들은 진리를 듣지 않고, 꾸민 이야기에 귀를 기울일 것입니다." (딤후 4:3-4) 말세가 되면 딥페이크(deepfake), 가짜 뉴스 같은 근거 없는 주장에 쉽게 현혹된다고 성경은 말씀한다.

헛소문, 유언비어에 휘말리지 않으려면 사실을 확인하는 습관이 필요하다. 근거를 추적하면 허튼소리하는 상대도 당신을 쉽게 보지 않는다.

"이거 어디서 본 적 있어. 괜찮을 거야." ➡ "확실치도 않은데 어떻게 믿어? 너도 다시 잘 확인해봐."

"내 생각(추측)에 그 사람은(그것은) [   ]야." ➡ "그렇다는 사례나 증거가 확실히 있어?"

"다들 그렇게 생각하고 있어요." ➡ "누가요? 어디서 그런 말을 하나요?"

"저만 믿어보세요." ➡ "그렇군요. 그런데 아닐 수도 있잖아요. 아닐 가능성은 얼마나 되나요?"

"자기의 생각만을 신뢰하는 사람은 미련한 사람이지만, 지혜롭게 사는 사람은 구원을 받는다." (잠 28:26) 지혜는 '생각에 대한 생각'을 하는 것, 즉 한 번 더 생각하는 것이다. 자기 생각에 쉽게 동의하는 것이 아니라 한 번 더 의심하고 확인하는 것이다. 세상에 100퍼센트 확신할 수 있는 건 없다. 우리의 지식과 경험은 극히 일부일 뿐 우주 만물 중에는 우리가 모르는 것들, 인류가 알아낼 수 없는 것들이 더 많다. 과학으로 증명된 사실일지라도 새로운 연구로 결과가 바뀌기도 한다.

자신의 말이 무조건 맞다고 여기는 것 자체가 뇌의 오류이며 한계다. 모름과 모름이 모여 끝나지 않는 싸움을 한다. 자기 생각만 믿을 때, 그 폐해로 우리는 혼란스러운 사회에 갇히게 된다. 자기 생각을 넘어 성경의 지혜를 따를 때 혼돈의 사회를 구원할 수 있다.

28

집중, 소통하기 위한
가장 기본적인 자세

> 하늘을 창조하신 주, 땅을 창조하시고 조성하신 하나님, 땅을 견고하게 하신 분이 말씀하신다. 그분은 땅을 혼돈 상태로 창조하신 것이 아니라, 사람이 살 수 있게 만드신 분이다.
>
> (이사야 45장 18절)

꾹 참고 들었다고, 끼어들지 않았다고 경청을 잘한 것일까? 말, 귀, 마음, 추임새, 표정 등 오감을 동원해 들었다 해도 듣기를 방해하는 것이 또 하나 있다. 스마트폰이다. 집중이 필요한 회의 시간에 메시지가 오면 눈과 신경은 스마트폰으로 직행한다. 듣고는 있지만, 스마트폰의 알림은 집중을 못 하게 막는다.

두 가지 이상의 일을 동시에 처리하는 것을 멀티태스킹(multitasking)이라고 한다. 대화 중에 메시지를 읽고 보내는 멀티태스킹은 스스로를 능력자로 착각하게 만든다. 그리고 뇌에 성취감을 주기 때문에 계속하고 싶어진다. 그러나 멀티태스킹은 하면 할수록 집중을 방해하기 때문에 학습과 업무를 제대로 할 수 없게 만든다.

동시에 둘 다 할 수 있다는 착각

저자는 중고등학교 시절에 이어폰으로 음악을 들으며 공부했다. 들으면서 해야 집중이 잘 된다고 부모님을 설득했다. 하지만 거짓말이었다. 열심히 문제를 푸는 것처럼 보였겠지만 사실은 음악만 들으면서 노래 가사를 받아 적고 있었다. 당연히 성적은 바닥을 찍었고, 시험은 망했다. 공부하면서 음악을 들으면 잘될 거라 생각했는데, 가사만 귀에 들어왔다.

지금은 스마트폰이 그 자리를 대신하고 있다. 일하는 중에도 스마트폰을 열어 보는 게 습관이 돼서 뭐든 집중할 수 없을 때가 많다. 이제 멀티태스킹은 일상이 되었다. TV를 시청하는 중에도 스마트폰으로 유튜브를 본다. 태블릿PC로 인터넷 강의를 듣다가 메시지를 주고받는 디지털 멀티 행위가 익숙하다.

또한 운전할 때에도 스마트폰을 보는 경우가 많다. 스마트폰을 보느라 전방을 제대로 못 봤는데도 사고가 나지 않았으니 자신은 무사고 운전자, 베스트 드라이버라고 여긴다. 그리고 주행하면서 자꾸 스마트폰으로 뭔가 하려고 한다.

도파민이 당신의 뇌를 속인다

멀티태스킹의 사전적 의미에 '여러 가지 일을 한 번에 처리하는 능력'이 있다. 그러나 멀티태스킹은 두 가지 일을 동시에 하는 것이 아니다. 무언가를 하다가 재빨리 다른 하나를 끝내고 다시 하던 일로 돌아오는 것이다. 그래서 한 번에 두 가지 일을 처리했다고 착각한다. 불안정한 상황에서 일을 처리하는 것이 능력인 줄 안다. 그래서 멀티태스킹은 능력처럼 보이고, 일을 병행하는 유능함에서 자기 만족을 느낀다. 이 만족감이 뇌에 즐거운 경험을 준다.

또한 멀티태스킹의 빠른 행동 전환은 뇌에 새로운 자극을 주어 도파민을 분비시킨다. 도파민이 뿜어내는 환각은 뇌를 과도하게 자극하여 정신을 산만하게 만든다. 멀티태스킹을 즐겨 할수록 머리가 나빠진다는 뜻이다. 신경과학자 다니엘 J. 레비틴(Daniel J. Levitin)은 『정리하는 뇌』에서 정보 과부하가 대마초를 흡연하는 것보다 뇌 건강에 더 심각한 해를 끼친다는 연구 결과를 내놓았다.

　현대인들은 멀티태스킹에 지나치게 노출되어 있다. 스마트폰, 태블릿PC, 스마트워치 등 디지털 기기들이 늘어나면서 대화 능력은 급격히 떨어졌다. 휴식 시간, 식사 시간, 회의 중에도 스마트폰으로 인해 생각과 시선이 분산된다. 뭔가 하나에 집중하지 못한다. 집중을 방해받는데도 스마트폰의 편리함을 이기지 못해 오해와 실수를 반복한다.

　특히 대화할 때 스마트폰 때문에 집중하지 못하는 상황이 빈번하게 발생한다. 부모와 자녀가 서로 말하고 듣는 중에 스마트폰을 아무렇지 않게 사용한다. 대화 도중 상대가 스마트폰을 들여다보고 있으면 기분이 썩 좋지 않다. 자신의 말을 건성으로 듣거나 무시하는 것으로 비치기 때문이다. 그러나 멀티태스킹으로 나오는 도파민이 우리의 눈을 가린다.

　소통 능력의 저하를 떠나서 상대에게 집중하지 못하는 것은 예의와 존중에 관한 문제다. 대화가 단절되고 정서적 유대감이 멀어진다는 것은 값을 매길 수 없는 큰 손실이다. 지금도 많은 이가 대화 중간에 울리는 스마트폰 알림에 반응하고, 정보를 확인해야 한다는 강박에 시달리고 있다.

몰입하는 싱글태스킹

하나님은 싱글태스킹*으로 인간에게 집중하셨다. "하늘을 창조하신 주, 땅을 창조하시고 조성하신 하나님, 땅을 견고하게 하신 분이 말씀하신다. 그분은 땅을 혼돈 상태로 창조하신 것이 아니라, 사람이 살 수 있게 만드신 분이다." (사 45:18) 하나님은 말씀으로 세상을 창조하실 때, 하루 만에 모든 것을 만들지 않았다. 6일에 걸쳐 하나씩 단계적으로 만들었다. 혼잡함을 피해 사람이 살 수 있도록 세상을 견고하게 설계했다. 6일째에 남자와 여자를 만들어 말씀으로 인간과 소통하기 시작했다. 신(神)도 생각하고 계획을 세워 순서대로 일한다는 것을 우리에게 보여준다.

1st Day	2nd Day	3rd Day	4th Day	5th Day	6th Day	7th Day
낮과 밤	하늘	바다, 땅, 식물	해, 달, 별	새, 물고기	동물, 사람	쉼, 안식

싱글태스킹의 모범은 창조주가 행한 천지창조다. "하나님이 손수 만드신 모든 것을 보시니, 보시기에 참 좋았다." (창 1:31)

---

* single-tasking, 한 가지 일을 집중적으로 처리하는 방식

우리보다 앞서 창조주가 순서를 정해 집중하여 일을 하나씩 끝마쳤다. 몰입할 때 능률은 최고로 오르고 성취감을 느낀다. 한 가지 일에 몰두하면 즐겁게 일할 수 있다. 창조주는 지으신 모든 것을 보시고 매우 기뻐하셨다고 성경은 기록했다. 마지막 7일째는 창조주도 편히 쉬었다. 생산성을 위해 휴식을 취하는 것이 싱글태스킹이다.

저자는 스마트폰을 하지 않기로 정한 저녁 시간은 꼭 지킨다. 스마트폰에 빠져 있는 모습을 가족에게 보여주고 싶지 않아서다. 그래서 퇴근 후 집에 오면 먼저 하는 행동이 있다. 바로 살균기에 스마트폰을 넣고 뚜껑을 닫는 일이다.

일과 외 시간만큼은 철저히 싱글태스킹을 지켜 가족과 보내는 시간에 집중한다. 확실하게 쉼과 교제를 누린다. 그러자 함께 독서하는 시간이 늘었고, 아이는 책에 나온 내용으로 질문도 했다. 그러다 엉뚱한 얘기로 화제가 전환되면 토론도 하며 함께 웃는 시간이 많아졌다.

뇌는 창의적인 생각을 위해 휴식과 집중을 하는 공간이다. 그럼에도 우리는 스마트폰, 대화, 일, 이 세 가지를 공중에 띄워서 저글링을 한다. 세 가지를 서둘러 옮기느라 생각과 집중을 할 수 없다. 앉아서 책 반 권이라도 정독할 수 있는 사람이 있을까?

'and'(조건)가 세 개만 들어가도 인간은 그 일을 못 한다. 물론 현대 사회는 한 가지 일에 집중하고 몰입하도록 배려해주지 않는다. 아무리 우선순위를 정해도, 타임 블로킹*을 만들어도 스마트폰을 끄고 살 수 없기에 현실은 늘 멀티태스킹 상황에 노출되어 있다. 그러나 성경은 말한다. "혼돈 상태를 경계하고, 집중해야 살 수 있다는 것을." (사 45:18)

대화를 나누다 알림이 오더라도 확인하고 싶은 마음을 꾹 누르고 시선을 상대에게 계속 고정시키자. 기기의 알림보다 사람에 집중하면 진정한 연결이 가능해진다. 결국 존중은 집중에서 시작한다.

---

* time-blocking, 하루의 일과를 계획하는 시간 관리 전략

29

듣기는 대화의 기본 전략이자 관계의 시작점

> 사연을 듣기 전에 대답하는 자는 미련하여 욕을 당하느니라.
>
> (잠언 18장 13절)

대화의 핵심은 '어떻게 말할까?'가 아닌 '얼마나 들을까?'다. '이야기를 듣겠다.'는 단계까지 왔다면 당신은 성장한 것이다. 듣는 와중에 판단은 하지 않는다. 판단을 늦춰야 듣기가 된다. 내 마음을 백지 삼아 상대의 이야기를 적는다고 생각하자. 상대의 고민과 불만, 경험 등에 관한 이야기라면 우선 내가 수용해야 한다. 내 말을 줄일수록 타인을 담는 공간은 넓어진다. 남을 위한 자리가 넓을수록 인내심이 많은 사람이다.

그럼 어떻게 해야 내면을 키울 수 있을까? 말, 곧 자아를 줄여 내면을 넓히면 기다릴 줄 아는 사람, 듣는 사람이 된다. 말을 줄이는 것은 자기 본성을 억제하는 것인데, 생각처럼 쉽지 않다. 저자 또한 말을 줄이기 위해 노력한 결과, 상대로부터 얻는 것들이 예상외로 많다는 사실을 깨달을 수 있다. 다양한 관점에서 다른 의견을 듣다 보면 상대의 가치관을 읽어내는 통찰력도 갖추게 된다.

들을수록 깊어진다

상대의 말을 들으면서 그가 천재라고 가정해보자. 그러면 잘못된 듣기 습관인 '성급한 판단'을 하지 않게 된다. 눈앞에서 천재가 말하는데 끝날 때까지 잘 귀담아들어야 하지 않겠는가?

내가 아는 내용이 나오면 참지 못하고 가능한 한 빨리 결론 내리고 싶을 때가 있다. 상대의 말이 끝날 때까지 못 기다리는 거다. (말하고 싶어 입이 막 근질근질하지 않는가?)

하지만 천재가 말하고 있다면, 누가 그 말을 끊겠는가? 뭐라도 얻기 위해 숨죽여 들을 것이다. 나와 다른 관점, 내가 생각해낼 수 없는 의견을 가지고 있을 테니까 귀 기울이게 된다.

==상대와 얘기할 때는 내 생각이 틀렸음을 확인하는 기회로 삼아야 한다.== 그래야 끝까지 들을 수 있다. 그래서 성경은 말한다. "사연을 듣기 전에 대답하는 자는 미련하여 욕을 당하느니라." (잠 18:13)

듣던 중 못 참고 얘기에 끼어드는 행동은 상대의 감정을 무시하는 것이다. 특히 세 명 이상이 대화를 나눌 때 잘 지켜보자. 상대가 말하던 중에 갑자기 '나도 있잖아~', '나는 어떻게 했냐면~'으로 말 끊기가 일쑤인가? 짐작건대 말하던 사람은 기분이 나쁜데 당신을 봐서 참는 것이다.

> 친구1: 어제 단풍 구경하러 남산에 갔잖아. 그런데 단풍이 정말······.
> 친구2: (말을 끊고) 너 단풍 보러 갔어? 나도 지난주에 단풍 보러 수목원 갔는데 사람이 너무 많아서 고생만 엄청나게 했잖아!
> 친구3: 난 어제 친구랑 영화 「오펜하이머」 봤거든. 영화가 길고 조금 지루했는데······.
> 친구4: 나도 봤는데 너무 좋더라고. 너희들한테도 보라고 말해주고 싶었어.

위의 네 명이 나눈 '근본 없는 대화'가 실제로 우리가 주고받는 이야기다. 단풍이 주제인데 영화로 끝나고 말았다. '친구 1'이 뻘쭘해지는 순간이다. 우리가 '친구 2, 3, 4'였지만, 자기 말만 하는 것에 익숙하면 이 대화에서 이상한 점을 발견하지 못할 것이다.

"지난주 우리 팀 프로젝트에서 발생한 이슈들에 대해서 먼저 알려드리겠습니다. 먼저 기술적인 측면에서……."
"아니, 기술 문제는 나중에 설명하고, 우리 팀이 어떤 전략을 세웠는지 그것부터 설명하세요."

이렇게 말을 자르는 순간 정이 팍 떨어지는 건 어쩔 수 없다. 미련하여 욕을 먹는다는 성경 말씀은 상대의 말을 잘라먹어 신뢰를 잃었다는 뜻이다.

관계 없인 경청 불가

말공부의 시작은 경청이라고 알고 있는데, 그렇지 않다. 내화는 '관계를 쌓는 일'부터 시작된다. 상대의 마음을 위로하든 얻고자 하든, 상대가 이야기를 펼칠 수 있도록 판을 깔아줘야 한다. '말판'은 관계를 형성해야 깔 수 있다. 먼저 자신을 개방하면 상대와 거리를 좁힐 수 있다. 예를 들어, '이런 고민이 있습니다.'처럼 부끄러운 고백도 괜찮으니 먼저 해보자. 물론 보편적인 고민이어야 한다. 함부로 커다란 비밀을 드러내도 상대에게 부담이 된다.

상대는 당신이 용기 내어 어렵게 한 고백을 인정할 것이다. 그러면 이에 보답하려는 마음이 생기면서 자연스럽게 관계가 쌓이게 된다. 관계는 기버 마인드*가 결정적인 역할을 한다. 자신의 사정을 먼저 나누면 정보를 주기 때문에 집중해서 경청도 할 수 있다.

> 나 (giver mind): 성경 씨는 짧은 시간에 다른 직원들보다 업무를 빨리 처리한다고 들었어요. 완성도도 높다고 하더군요.
>
> 성경: 뭘요, 저도 일 시작하고 2년까지는 허둥지둥 고생 좀 했어요.
>
> 나 (giver mind): 그러셨군요. 사실 저는 하는 일에 시간은 많이 쏟는데 결과물이 잘 안 나와요.

---

* giver mind, 주는 힘

성경: 그런가요? 저는 이 방법을 통해 훨씬 효율적으로 일을 할 수 있게 됐어요.

성경 씨는 나에게 업무를 처리하는 노하우, 팁 등을 기꺼이 공유해준다. 기버 마인드를 통해 신뢰 관계가 생겼기 때문이다. 신뢰가 쌓이면 듣는 정보의 질도 높아진다.

"서로 한마음이 되고, 교만한 마음을 품지 말고, 비천한 사람들과 사귀고, 스스로 지혜가 있는 체하지 마십시오." (롬 12:16)
성경은 스스로 지혜로운 척하지 말라고 한다. 우리는 관계를 잘 맺어보려고 할 말을 미리 준비해간다. '이런 말로 친숙한 분위기를 만들어야지.' '조심스럽게 뭐라도 물어볼까?'

그러나 꼭 무슨 말을 하지 않아도 괜찮다. 상대가 얘기하도록 질문하는 것도 괜찮은 방법이다. 사람은 자신의 경험을 나누고 싶어 한다. 자신의 이야기보다 상대의 이야기를 중히 여기고 진심 궁금해하는 사람이 많지 않은 만큼, '당신의 인생을 배우고 싶습니다.'라는 자세로 다가가는 것이 중요하다.

"나는 회사도 힘든데, 너는 퇴근하고 어떻게 매일 운동을 해? 자기 관리하는 방법 좀 알려줘."

"어떻게 혼자 살 생각을 했어? 그 용기가 부럽다. 집에서 독립하면 뭐가 제일 좋아?"

"나는 일에 치여서 신앙생활이 많이 흐트러졌어. 너는 영성 관리를 어떻게 하고 있니? 나도 배우고 싶어."

나를 낮춰 개방하면 보답의 원리가 작용한다. 내가 관심을 보이면 상대도 나를 신뢰하는 만큼 자신을 개방한다. 신뢰가 쌓이면서 진지한 듣기도 가능해진다.

이때 조언 같은 말들로 영향력을 끼치겠다는 생각을 버려야 상대의 진심을 들을 수 있다. 상대는 나와 다른 관점을 가진 사람이다. 이 말은 내가 해보지 못한 경험을 알려줄 수 있는 사람이라는 뜻이다. 그가 경험한 놀라운 사실을 듣다 보면 내가 몰랐던 세상에 대해서 알게 되고, 상대의 견해를 내 것으로 취하여 새로운 환경에 대비할 수 있다. 자신의 경험을 나누는 사람에게는 분명 배울 점이 있다. 상대의 성장 이야기가 나에게 동기부여가 되는 것처럼, 타인의 이야기는 내 삶을 윤택하게 만들 수 있는 기회가 된다.

듣기는 전략이다

듣기를 의무로 여기지 말고 전략으로 생각하자. 설득을 잘하면 상대가 마음을 열 것 같지만, 실상은 들어주는 사람과 마음을 나눈다.

생각해보면, 내가 만나고 싶은 사람은 얘기하고 싶은 사람이다. 우리는 자신의 이야기를 들어줄 사람을 찾는다. 즉 <u>관계의 주도권을 쥐고 있는 사람</u>은 '들어주는' 사람이다. "무슨 얘기를 하는지 들어나 봅시다."라고 말하는 사람이 관계를 쥐고 있는 사람, 결정권자다.

일상 대화에서도 듣고 난 뒤에야 일의 방향이 잡힌다. 어떠한 이유에서든 사람들이 나를 찾는다는 건 할 말이 있기 때문이다. 들을 줄 아는 사람은 대단히 인정받는 귀인이다. 말해도 먹히지 않는 사람은 찾을 일도 없다.

이야기를 들을 때 상대에게서 뜻밖의 엄청난 것들이 나오기를 기대해보라. 경청이 어려워도 해야 하는 이유는 예상치 못한 정보와 지식을 얻기 때문이다. 인생을 살아갈 중요한 팁도 획득한다. 상대의 경험을 들으면 도전할 목표도 보이고 고칠 점도 깨닫게 된다.

무작정 듣기만 하는 게 아니다. 내가 얻어낼 수 있는 것들을 기대하며 들으면 경청도 재미있다. 듣기는 상대가 하는 말에 관심을 두는 일이다. 단서를 얻기 위해 추리한다고 생각하면 흥미롭게 들을 수 있다. 간간이 질문도 하며 들으면 고급 정보도 얻게 된다.

인생의 문제를 해결해주는 경청의 지혜

말하기는 지식의 영역이고 듣는 것은 지혜의 영역이다. 들을 땐 상대와 눈을 맞추고 집중한다. 고개를 끄덕이거나 상대에게 몸을 약간 기울여 '정말?', '그래요?', '어쩌다?' 같은 질문 추임새를 넣어보자.

오감을 활용하여 몸으로도 들어 보자. 상대가 말하는 정보를 잘 듣고 이해하고 있다는 것을 보여주자. 그리고 말이 끝날 때까지 기다렸다가 자신이 발전할 수 있는 질문을 던지자. 다 듣고 이해한 정보를 '끗발 좋게' 활용하는 수단이 바로 질문이다. "그것을 해결하기 위해서 어떤 시도를 하셨어요?"처럼 마지막에 핵심을 관통하는 질문을 던질 때 지혜를 얻을 수 있다.

이처럼 듣기는 무한한 가능성을 갖고 있다. 말하기보다 눈에 띄지 않고 수동적이기 때문에 과소평가될 뿐이다. 능동적인 듣기는 엄청난 능력을 발휘한다. 나는 성도들의 아픈 사연, 기도 내용 등을 들을 때마다 이들이 정말 위대하다고 생각한다. 내가 경험하지 못한 엄청난 고난과 싸우면서도 기도를 통해 주어진 삶을 이겨내기 때문이다. 이들이야말로 진정한 천재이고, 이들이 이겨낸 고난에 대한 이야기들은 고스란히 내게 지혜가 된다.

30. 감정의 주도권을 가져오는 '잠깐의 여유'

> 네 칼을 칼집에 도로 꽂아라.
> 칼을 쓰는 사람은 모두 칼로 망한다.
> (마태복음 26장 52절)

감정에 지배당하지 않으려면 상황에 따라 감정을 선택할 수 있어야 한다. 상대의 말에 '즉시'에서 '잠시'로 반응하자. 상대가 '훅' 치고 들어와도 '욱' 하지 말자. 훅과 욱 사이에 '음~' 하고 짧은 시간차를 두자. 그래야 훅 치고 들어온 상대의 의도를 충분히 파악할 수 있다. 욱해서 감정에 끌려가지 말고 '음~' 하고 감정의 주도권을 가져오자.

자신이 폭탄인 줄 모른다

욱하고 화내는 것을 당연하게 여기는 사람이 있다. 감정 조절 능력이 부족한 사람은 감정을 쉽게 폭발시킨다. 상대의 말을 받아치거나 따져 묻는 습관이 있다면 '충동'이라는 감정에 자주 휘둘린다. 여러 감정 중 특히 '분노'는 폭탄에 비유할 수 있다. 자신과 주변을 파괴하기 때문이다. 상대가 욱하면 어떤가? 잔잔한 호수에 돌을 던지는 느낌이 나지 않는가? 내가 욱해도 마찬가지다. 내가 분노 폭탄을 터트리면 상대의 분노 역시 터지기 쉽다. 결국 자폭이다.

여기서 문제는 불안과 걱정 등을 분노로 표출한다는 데 있다. 분노하는 자신을 인지하지 못하는 건 더 심각하다. 그래서 불만이 비난이나 분노로 이어지지 않도록 감정에 대한 자기반성이 반드시 필요하다.

"네 칼을 칼집에 도로 꽂아라. 칼을 쓰는 사람은 모두 칼로 망한다." (마 26:52) 무리가 예수를 체포하려고 하자 크게 분노한 제자 베드로는 예수님을 지키려고 칼을 빼 들었다. 그러고는 체포조였던 말고의 귀를 자르고 만다. 이때 예수는 베드로에게 '잘했다.', '고맙다.'라고 칭찬하지 않았다. 되려 "네 칼을 칼집에 꽂으라."고 하셨다. 예수님은 베드로의 분노를 허용하지 않았다. 칼을 쓰면 상대도 칼을 쓸 테니, 칼은 칼로 망한다는 것이다. 말고의 귀만 잘려나갔을 뿐, 체포된 예수가 풀려나는 일은 없었다. 예수는 자신을 잡으러 왔던 말고의 귀를 만져 고쳐주셨다.

화로 해결되지 않는다

버럭 욕부터 한다고 해서 분노가 해결되지 않는다. 분노는 욕과 한 쌍을 이룬다. 고통스러울 때나 갑자기 일이 풀리지 않을 때도 욕이 나오는데, 사실 욕이 안 나오면 그것도 좀 이상하다. 기분이 좋아도 욕을 한다. 욕은 감정을 표현하는 가장 적극적인 방식이다. 그래서일까? 하면 할수록 입에 찰지게 붙는 쾌감 때문에 욕하는 게 재미있다. 속이 시원해지면서 기분도 나아지는 것처럼 느껴진다. 그러다 문득 깨닫게 된다. 할 줄 아는 욕이 늘고 그것으로 감정을 표출할 때마다 입과 혀와 마음만 더러워질 뿐, 복잡한 감정은 그대로 남는다는 사실을. 분노는 분노를 해결해주지 못한다.

분노하는 이유가 상대에게만 있는 건 아니다. 성장 과정에서 받은 상처, 조직의 구조적인 문제, 분노로 변한 부정적인 감정들 등 의외로 분노는 다양한 원인에서 시작된다. 그렇기에 화가 나는 원인을 찾는 것만으로도 분노를 다스리는 데 큰 도움이 된다.

지금부터 자신을 죽이려 했던 원수를 향해 분노를 다스렸던 성경 속 인물, 다윗의 이야기를 소개할 것이다. 악한 감정이 솟구쳤을지라도 원수 사울을 대했던 다윗의 말과 행동, 그의 정서를 우리도 적용할 수 있다.

다윗이 원수를 살려준 이유

다윗은 블레셋의 장군 골리앗을 물리쳐 민족의 영웅이 된다. 이 업적 때문에 이스라엘의 초대 왕이었던 사울은 질투에 사로잡힌다. 다윗에게 왕좌를 빼앗길까 봐 두려웠던 사울은 그를 죽이기로 작정한다. 다윗은 사울을 피해 광야에서 10년 동안 도망자로 지낸다. 그사이 사울에게 복수할 기회가 두 번이나 왔음에도 다윗은 그를 살려준다.

사무엘상 26장

부하: 하나님이 오늘, 이 원수를 장군님의 손에 넘겨주셨습니다. 제가 그를 당장 창으로 찔러 땅바닥에 박아놓겠습니다. 두 번 찌를 것도 없이, 한 번이면 됩니다.

다윗: 그를 죽여서는 안 된다. 그 누구든지 주님께서 기름 부어 세우신 자를 죽였다가는 벌을 면하지 못한다. 이제 우리는 그의 머리맡에 있는 창과 물병만 가지고 간다.

다윗은 자신의 억울함에 비해 오히려 평온해 보인다. 그리고 차분함을 유지하고 한 번 더 분노하지 말아야 할 이유를 떠올린다. '주께서 기름 부어 세운 자를 해칠 수 없다.'는 확고한 명분이 복수의 강한 유혹을 참아내게 한다.

사울을 살려준 뒤, 다윗은 그와 대면하여 자신의 억울함과 결백을 털어놓는다. "나의 손에 악이나 죄가 없으며, 임금님께 반역하거나 잘못한 일이 없다는 것도 아실 것입니다. 그런데도 임금님은 나를 죽이려고, 찾아다니십니다." (삼상 24:11)

이를 듣고는 사울이 깨달아 다윗에게 말한다. "나는 너를 괴롭혔는데, 너는 내게 이렇게 잘해주었으니, 네가 나보다 의로운 사람이다." (삼상 24:17)

분노를 피하는 방법

화가 날 때 처신하는 보편적인 방법으로는 1) 그 자리를 피하자, 2) 숨을 크게 고르자, 3) 자신이 느끼는 감정을 파악하자, 4) 긍정의 언어로 말하자, 5) 입장을 바꿔 공감을 해주자 등이 있다.

위의 다섯 가지는 다윗이 사울 앞에서 이미 보여준 방법들이다. 도저히 이해할 수 없는 상황과 부딪혔을 때 다윗처럼 감정을 다스리고 화를 절제하기란 매우 어렵다. 다윗이 분노를 조절했다는 건 감정이 폭발하기 직전에 생각할 시간을 가졌다는 뜻이다. 다윗에게 잠시 생각할 시간은 '기도'다. 그는 결국 자기 감정에 지배당하지 않는다.

성경에 따르면 선지자는 왕으로 세울 사람의 머리에 기름을 부었다. 사울과 다윗 모두 기름 부음을 받는다. 기름 부음은 하나님의 사명을 부여받은, 즉 일감을 전달받았다는 의미다. 자기가 하고 싶은 일이 아니라 해야 할 일을 하는 것이 왕의 책무다. 사명을 다한다는 것은 즉흥적이고 직관적인 행동으로 일하는 것이 아니라 기도하며 깊이 생각하여 결정하는 것이다. '어떻게 말해야 할까?' '어떻게 대처해야 할까?'

다윗은 사울을 살리는 일을 사명으로 여겼기 때문에 그에게 보복하지 않는다. "그러므로 주님께서 재판관이 되셔서, 나와 임금님 사이를 판결하여주시기를 빌겠습니다. 주님께서 굽어보시고 나의 억울함을 판결하여주시며, 나를 임금님의 손에

서 건져주시기를 빌겠습니다."(삼상 24:15)

다윗은 사울을 향한 복수심이 자신의 소관이 되지 않도록 기도한다. 분노를 멈추고 속에서 들끓는 감정을 주님께 해결해달라고 간구한다. 그러자 사울이 대답한다. "나의 아들 다윗아, 이것이 정말 너의 목소리냐?" 하고 말하면서, 목 놓아 울었다. (삼하 24:16)

우리는 벌어진 일 때문에 상대에게 실망하고 원망한다. 그런데 하나님은 나를 사랑하는 만큼 상대 역시 사랑하신다. 이렇게 성경 말씀은 우리가 어떻게 대처해야 할지를 알려준다. '욱!' 할 때 말씀을 상기하여 '음~' 하고 잠시 멈춰보자. 이성을 발휘하려고 최대한 노력하는 자가 감정의 주도권을 가지고 분노를 다스린다.

뉘우침과 후회를 하는 것도 중요한 자기 인식이 된다. '아, 또 소리를 질렀네.' '그러지 않겠다고 다짐했건만 또 버럭했어.' 이렇게만 해도 분노를 다스리는 학습이 된다. '욱'에서 '음~'으로 가는 단계를 밟는 것이다.

31

생각한 대로 이루어지는
무의식의 언어들

> 분노와 격분과 악의와 훼방과 여러분의 입에서 나오는
> 부끄러운 말을 버리십시오.
> (골로새서 3장 8절)

IT 용어 중에 GIGO*가 있는데, 이는 머릿속에 있는 것이 말로 나온다는 의미로도 쓰인다. 분노와 격분하는 태도는 대부분 무의식에서 나온다. 만약 거친 말을 자주 내뱉는다면 평소 자신의 태도가 공격적일 가능성이 높다. "머리에 똥만 들었냐?"라고 말하는 사람의 머릿속은 이미 똥으로 가득 차, 말에서 똥 냄새가 난다. 똥이든, 쓰

---

* Garbage In Garbage Out, 쓰레기를 넣으면 쓰레기가 나온다.

레기든, 사랑이든, 자신이 그 단어가 되지 않고선 그 말이 나올 수 없다. 꽃처럼 향기 나는 말을 하려면 자신부터 꽃이 돼야 한다. 독한 말을 해야 한다면 자신부터 독을 먹어야 한다.

그러니 사랑을 더 많이 말하고 실천하자. 더럽고 추한 마음에는 예수님의 사랑을 덮어두자. 우리가 살면서 의도하든 의도하지 않든, 마음에는 늘 선과 악이 쌓인다. 쓰레기와 사랑이 한데 섞여 있지만, 그래도 괜찮다. 쓰레기는 반드시 없어질 것이기 때문이다. 성경의 말씀을 내면화시키면 변화가 일어나기 때문이다.

내가 가장 먼저 듣는 비난의 말

비난하는 말은 상대만 듣는 게 아니라 자신도 같이 듣는다. 상대는 한 번 듣지만, 자신은 그 비난을 먼저 생각하고 말하기 때문에 두 번 듣는다. 이제 비난은 한 번만 듣도록 하자. 생각만 하고 입 밖으로 내뱉지 않는 것이다. 입을 닫는 데 성공했다면 이렇게 한 번 더 생각하자.

'여기서 흥분하면 안 돼. 좀 더 들어 보고 할 말을 찾자.'
'흉보는 일에 절대 말려들지 말아야지.'

'내 직감대로 말하면 또 실수할 거야.'
'저렇게 생각할 수도 있구나.'
'다 이유가 있었겠지.'
'그래도 내가 칭찬해줄 게 뭐 없을까? 배울 점도 분명 있을 거야.'

비난을 말로 내뱉지 않겠다는 마음으로 인내하며 자신과 싸우도록 한다. 갈등 상황이 발생하면 코로 크게 심호흡하면서 생각을 정리한다. 입을 다무는 게 처음에는 아주 고통스럽겠지만 절제에서 오는 즐거움이 더 크다. 참아냈다는 성취감을 경험하고 나면 말공부가 더 재미있어진다.

자기 비하, 신세 한탄도 또 다른 비난의 말이다. 바보 같은 짓을 했을 때, 큰 실수를 했을 때 누구나 자책하기 마련이다. 분명 피해자인데도 스스로가 부족했다고 여겨서 자신을 책망하는 경우도 있다.

"뭘 해도 난 안 돼.", "난 여기까지밖에 못 해.", "하나 마나 안 되겠지."처럼 자신을 비하하는 일이야말로 매우 성급한 판단이다. 내가 힘든 상황에 처해 있을지라도 지금 하는 일이 유익을 가져다줄 거라는 '명분'을 세워보자. 유익한 동기는 자책감에서 벗어나게 해준다.

나에게는 명분을

삶이 어려울수록 명분은 반드시 필요하다. 성경은 인간이 죄를 범할 수밖에 없기 때문에 근본적으로 실패하는 존재라고 간주한다. 그래서 예수 그리스도가 죄인을 구원하고 인간에게 새로운 삶의 길을 열어준다.

"의에 주리고 목마른 자는 복이 있나니, 그들이 배부를 것임이요." (마 5:6) 멘탈이 무너져도 '의'(Righteouness, 義)라는 명분을 가지고 있다면 좌절하지 않는다. 여기서 '의'란 올바름, 정당함이라는 예수의 성품을 말한다. 의를 쫓는 자, 의에 갈급한 자가 복이 있다고 성경은 말씀한다.

저자는 상한 갈대처럼 바람이 불기만 하면 쓰러지는 연약한 마음을 가졌다. 그래서 자주 주저하고, 후회하고, 상처받았다. 그럼에도 이런 나약함이 부끄럽지 않았다. 부활한 예수처럼 나약함을 딛고 더욱 강해질 수 있다는 믿음이 바로 명분이 되었기 때문이다. 우리는 각자 사는 이유가 분명해야 하며, 그 명분을 위해 주어진 인생을 살아가는 것이다.

취업이 안 될 때 '이번에도 이겨내라고 실패를 주신 거야.', 잦은 실수로 지적받았을 때 '계속 실수하는 게 본래 내 모습이구나. 이제는 일로 제대로 인정받아야지. 성장은 반드시 필요하니까.'라고 생각하자. "의인은 일곱 번을 넘어지더라도 다시 일어나지만, 악인은 재앙을 만나면 망한다." (잠 24:16) 모두 망했다고 해도 의인은 다시 일어난다. 스스로에게 실패를 말하지 말자.

그렇기에 '사는 건 다 똑같아, 다 그래.'라는 말은 위험하다. 인생을 체념으로 이끌기 때문이다. 세상이 삭막하고 팍팍한 건 사실이지만 모두 다 똑같을 수 없다. 인생이 불변한다면, 체념하고 자책하는 지금의 현실이 앞으로도 계속된다는 뜻이 된다. 삶이 다 그렇고 그런 원망뿐인데 어떻게 희망을 가질 수 있겠는가! '다 그래.', '다 같아.'라고 포기하고 싶을 때 고개를 흔들어 '아니오!'로 부정하자. '다'를 '더'로 바꾸는 것이다.

"사는 게 다 그렇지 뭐." ➜ "아니, 다 그렇다면 내가 더 할 이유가 없지."

"모든 게 다 내 잘못 같아." ➜ "아니야, 내가 더 잘하고 싶어서 그랬던 거야."

"사람들은 다 똑같아." ➜ "같아도 나를 더 인정해주고 더 사랑해주는 사람을 만나야겠지."

"남들도 다 그래." ➜ "아니, 같은 일을 해도 각자의 삶은 달라."

"다 너 생각해서 그런 거야." → "아니, 그건 네가 더 편하려고 하는 말로 들린다. 먼저 갈게."

무의식을 변화시키는 침묵의 힘

자신도 모르게 내뱉는 말 때문에 고민이라면, 평소에 입을 다물고 지내는 연습을 해보자. 그러면 절반은 성공한다. 입을 닫고 있으면 탓하고 흉보려는 생각이 잠시 굳어진다. 그 상태에서 성경 말씀으로 부정한 말과 생각을 덮도록 하자. '좋은 땅에 씨를 뿌려 많은 열매를 맺듯' (마 13:23) 그런 마음밭을 가꾸는 것이다. 우리의 마음엔 자기 생각으로만 가득 차서 정작 자신을 다스려줄 말씀이 자리할 공간이 없다. 위인들의 명언을 읽어도 가슴에 새기지 않으면 제 맘대로 살게 된다. 귀한 가치는 밖으로 나가지 못하게 내 안에 가둬야 한다. 글로 써야 기억에 남듯 선한 말로 해야 마음에 새겨진다.

"내 입의 말과 내 마음의 생각이 언제나 주님의 마음에 들기를 바랍니다." (시 19:14) 그들의 고통과 슬픔에 같이 아파하고, 그들이 하는 일에 복을 빌어주는 것이 성경이 원하는 삶이다. 그들의 연약함이 느껴지니 자신을 자책하는 것은 사치다. 그들의 상처가 내게 아픔이 되기도 한다. 상처가 치유되기를 바라며 함께 기도하지만, 문제가 해결되지 않을 때 자신이 무력한 존재임을 깨닫는다. 나의 교만이 나의 무능으로 꺾이게 되는 순간이다. 생각 없이 마음대로 하고 싶은 말을 다 한다고 해서 만족스러운 인생을 사는 것은 아니다.

32

외부 자극으로부터
마음을 보호하는 '거리'의 힘

> 여러분은 스스로 마땅히 생각해야 하는 것 이상으로
> 생각하지 말고, 하나님께서 각 사람에게 나누어주신
> 믿음의 분량대로, 분수에 맞게 생각하십시오.
> (로마서 12장 3절)

우리는 하루 종일 수많은 외부 자극에 노출되고, 그것에 반응한다. 가짜 뉴스와 소셜 미디어는 특정 집단을 흥분시키며 긴밀하게 작동한다. 이제 온라인에 노출된 자극적인 콘텐츠는 개인이 감당해야 할 몫이 되었다.

타인의 말도 외부 자극에 해당한다. 상대가 한 말에 즉시 민감한 반응을 보인다면, 자신의 자존감을 점검할 필요가 있다. 버럭 하는 대신 호흡을 하고 어떤 말을 할지 생각한다면 내면이 건강한 사람이다. 마음이 단단한 사람은 자극과 나 사이에 적당한 간격을 두기 때문이다.

자극이 오면 거리부터 유지하기

외부 자극으로부터 간격을 유지하는 일은 매우 중요하다. 인간관계를 맺을 때도 온갖 자극을 받는다. 사람들의 말과 행동에 대한 반응은 자존감과 연결된다.

"기획안대로 준비가 잘 안 되고 있잖아요. 확인해서 보고하세요."라는 지적을 들었을 때, '아, 다시 검토가 필요하겠구나.'라고 생각한다면 자극과 나 사이에 거리를 유지할 줄 아는 사람이다. 그런데 '대체 내가 뭘 잘못했다는 거야!'라며 수용을 거부하면 모든 것을 적대적으로 여기게 된다. 자극과 나 사이에는 자존감이 위치한다. 자존감이 건강하면 사건을 객관적으로 바라보고 해결책부터 찾는다. 흥분을 가라앉혀 내면의 안정을 얻으려고 한다.

하지만 우리는 자존감이 중요한 줄 알면서도 스스로를 깎아내리곤 한다. "코트가 멋있네요. 잘 어울려요."라고 칭찬하면 곧바로 "이거 세일할 때 싸게 주고 샀어요."라며 굳이 자신을 값싼 존재로 만든다.

"따님이 참 얌전해요, 말도 잘 듣고."라는 말에 "집에서는 안 그래요. 동생이랑 맨날 싸워서 힘들어요."라고 아이의 행동을 깎아내린다. 그리고 아이에게는 직접적인 표현만 안 했을 뿐 '싸우는 아이, 힘들게 하는 아이'라는 꼬리표를 붙인다. 부모의 말이 아이의 자존감을 떨어뜨리는 것이다. 부정적인 감정은 서로를 의심하게 만들고, 들여다보고 싶게 만들기 때문에 관계는 더 얽히고 만다. 그래서 자극과 나 사이의 거리는 더 가까워지게 된다.

반면에 "고맙습니다."로 칭찬을 군더더기 없이 깔끔하게 받아들이면 감정적인 교류는 더 이상 일어나지 않는다. 그렇게 둘 사이의 거리는 유지된다.

무례한 말을 들으면 응시하라

자극을 받아도 즉각 반응을 보이지 말자. 이것이 자극과 나 사이의 간격을 넓히는 방법이다. "미련한 사람은 화를 있는 대로 다 내지만, 지혜로운 사람은 화가 나도 참는다." (잠 29:11) 반응을 멈추면 간격이 생기고, 멈춘 시간이 길어질수록 자극을 수용하는 범위도 넓어진다.

비판을 무조건 받아들이라는 게 아니다. 어떻게 반응할지 생각할 여유를 기르라는 말이다. 나에 대한 비판을 디딤돌로 여겨 성장할 수도 있고, 걸림돌로 여겨 퇴보할 수도 있다. 따라서 자극에 대해 차분한 태도를 유지하는 것은 매우 중요하다. 화나게 하는 말을 들었을 때 곧바로 대응하지 말고 간격을 두자.

"이렇게 계속하면 앞으로 어떻게 될지 빤히 보인다."
"아직도 준비 중이야? 여태 뭐 했는데?"
"잘하는 사람들이 얼마나 많은데! 너도 그들처럼 해봐."
"이 사람 되게 약삭빠르게 생기지 않았어요?"

이처럼 무례한 말을 들었으면 무반응, 침묵을 통해 상대와 간격을 둘 수 있다. 대꾸하지 않는 것은 상대의 말에 동의하지 않겠다는 뜻이다. 대화의 공백으로 분위기가 어색해지면 상대가 먼저 이를 감지하고 본인이 했던 말을 수습할 것이다.

그리고 즉각 반응하지 않아도 큰일은 일어나지 않는다. 반박하고 싶은 마음을 넘기자. 오히려 신경 쓸 일도 없고 나쁜 감정에 엮일 일도 없다. 반응하지 않는 것도 내가 할 수 있는 선택이다. 간격을 넓히는 것은 외부 자극으로부터 내 감정과 자존감을 지키는 일이다.

중요한 건 나와의 거리

"너는 특별해."를 "특별해야 해."로 들어야 하고, "네가 최고야."를 "네가 최고여야 해."로 이해하며 살아야 하는 MZ 세대. 그래서 높은 자존감은 오히려 강박이 되어 그들을 불행하게 만든다. 남들로부터 부러움을 살 정도로 잘 살아야 한다는 압박을 받는다. 그렇게 못 될까 봐 불안해한다. 이들에겐 실패가 두렵다.

이처럼 실패가 두렵다면 실패를 익숙하게 여기는 것에서 시작하자. 실패 사례를 모아 오답 노트처럼 재구성해보는 것이다. 실패를 기록하면 위험을 감수하고 계속 도전하게 된다. 실패를 성장의 일부로 받아들이게 된다. 실패를 관리하면 목표와 근접해진다.

저자는 서른 살쯤부터 실패 이력서를 써왔다. 학부를 졸업하고 신학교를 입학했건만 목회자로 일할 수 있는 교회를 찾지 못했다. 섬길 수 있는 기회가 주어지지 않아 초조해졌고, 점점 배가 불러오는 임신한 아내에게 미안한 마음만 커져갔다. '이 정도면 괜찮지!'라며 허세로 꽉 찼던 자존감은 깨졌다.

이때부터 실패 이력서를 쓰기 시작했다. 면접 때 얼버무렸던 말들을 정리했고, 받았던 질문들을 상기해서 목록을 작성한 뒤 대답을 적었다. 앞으로의 계획과 비전 등을 상세히 적고 암기했다.

실수들을 나열해보니, 그제야 높은 자존심과 턱없이 부족한 실력이 드러났다. 실패 목록들은 내가 기도해야 할 제목들이 되었다. 이제 미약한 부분을 위해서 기도했다. 그러나 모든 기도에 응답을 받는 건 아니었다. 응답이 더뎌 그만하고 싶기도 했다. 하지만 하나님의 침묵은 오히려 나를 더 절박하게, 목표를 이룰 때까지 포기하지 않게 만들었다.

기도는 내가 어느 위치에 있는지 알게 해줬다. 입을 열고 크게 얘기해야 내가 들을 수 있었다. 그렇게 하지 않으면 내 처지를 알지 못했다. 부족한 것을 입 밖으로 말하고 나자, 내가 모자란 존재였음을 인정하게 됐다. 허세 대신 간절함으로 영혼을 채우기 시작했다. 하나님과 벌어진 간격을 기도를 통해 어떻게든 좁혀야 했다. 무너진 자존감, 안 되는 이유, 부족한 것들을 내려놓고 내 귀에 분명히 들리도록 기도했다.

"왜 당신의 응답은 이리도 더디기만 합니까? 대답해주세요."

"내가 쓰임받기를 원합니다. 나를 사용해주세요."

"부족한 게 너무 많습니다. 성경을 보고 세상을 읽는 안목을 주세요."

"사람들이 들어야 할, 이 시대에 필요한 말씀을 전하는 능력을 주세요."

"떨지 않는 용기, 담대한 믿음을 주세요."

"미워했던 사람까지도 사랑하게 해주세요."

기도는 내 의지와 하나님의 계획이 서로 다르다는 것을 깨닫게 했다. 자기 욕심을 채우기 위해 기도하는 것이 아니라고 말씀해주셨다. 하나님은 생각대로 될 줄 알았던 나를 실패하게 만들어서 나와 거리를 두었다. 즉 내 존재가 그분께는 '불편한 자극'이었기에 침묵으로 나와의 거리를 아주 멀리 떨어뜨려 놓았던 것이다.

"여러분은 스스로 마땅히 생각해야 하는 것 이상으로 생각하지 말고, 하나님께서 각 사람에게 나누어주신 믿음의 분량대로, 분수에 맞게 생각하십시오." (롬 12:3) 성경은 자존감에 대해 '스스로 마땅히 생각해야 하는 것'이라고 설명한다. 그 이상으로 생각하지 말라는 것은 분수를 넘지 않고, 주어진 것에 만족하라는 뜻이다. 자존감이 지나치게 높으면 욕심이 생겨 스스로를 괴롭힌다. 지나치게 낮은 자존감은 열등감을 불러일으킨다.

말에도 넘지 말아야 할 선이 있다. 눈앞에서 발생한 일에 즉각 반응하면 버럭, 욱하게 된다. 결국엔 오해로 이어지고 관계는 틀어지고 만다. 그러나 자극에 대한 반응을 눌러 담으면 그 사건과의 간격을 넓힐 수 있다. 분노와 격분 같은 감정이 올라와도 조절하는 지혜가 발휘되는 순간이다. 거리를 둔다는 것은 최상의 선택을 하겠다는 의지로, 건강한 자존감과 연결된다.

부록

내 삶에 길을 찾는
하루 한 말씀

말공부를 시작했다는 건
자신이 미약한 존재임을 깨달았다는 뜻입니다.
동시에 겸손한 사람이라는 뜻이기도 하죠.
자신을 아는 것만큼 감사한 일이 또 있을까요?

우리는 여기서 보물처럼 귀한
성경 구절을 만나게 될 겁니다.
이를 마음에 새겨 내면화하는 것은
이제껏 하고 싶은 말을 했거나
그럴듯하게 말하려던 '대화 습관'을
완전히 새롭게 바꾸는 과정입니다.

물론 쉽지 않을 테지만,
나라는 '질그릇'을 깨트려야 보물이 드러나고
아름다운 말이 나온다는 것을 기억하세요.

1 선한 내면이 선한 언어를 만든다

- 입으로 들어가는 것이 사람을 더럽게 하는 것이 아니라 입에서 나오는 그것이 사람을 더럽게 하는 것이니라. (마태복음 15:11)

- 또 이르시되 사람에게서 나오는 그것이 사람을 더럽게 하느니라. 속에서 곧 사람의 마음에서 나오는 것은 악한 생각 곧 음란과 도둑질과 살인과 간음과 탐욕과 악독과 속임과 음탕과 질투와 비방과 교만과 우매함이니, 이 모든 악한 것이 다 속에서 나와서 사람을 더럽게 하느니라. (마가복음 7:20-23)

2 내 감정에 이름 붙이기

- 여호와는 마음이 상한 자를 가까이 하시고, 충심으로 통회하는 자를 구원하시는도다. (시편 34:18)

- 자기의 마음을 제어하지 아니하는 자는 성읍이 무너지고 성벽이 없는 것과 같으니라. (잠언 25:28)

- 너희 염려를 다 주께 맡기라. 이는 그가 너희를 돌보심이라. (베드로전서 5:7)

3 혼잣말, 홀로 나를 단련하는 언어

- 여호와여, 나의 기도에 귀를 기울이시고 내가 간구하는 소리를 들으소서. 나의 환난 날에 내가 주께 부르짖으리니 주께서 내게 응답하시리이다. (시편 86:6-7)

- 나의 영혼이 잠잠히 하나님만 바람이여, 나의 구원이 그에게서 나오는도다. 오직 그만이 나의 반석이시오, 나의 구원이시오, 나의 요새이시니 내가 크게 흔들리지 아니하리로다. (시편 62:1-2)

- 여호와께서는 자기에게 간구하는 모든 자 곧 진실하게 간구하는 모든 자에게 가까이 하시는도다. 그는 자기를 경외하는 자들의 소원을 이루시며 또 그들의 부르짖음을 들으사 구원하시리로다. (시편 145:18-19)

4 첫인상을 압도하는 언어

- 사람에게 보이려고 그들 앞에서 너희 의를 행하지 않도록 주의하라. 그리하지 아니하면 하늘에 계신 너희 아버지께 상을 받지 못하느니라. (마태복음 6:1)

- 내가 보는 것은 사람과 같지 아니하니, 사람은 외모를 보거니와 나 여호와는 중심을 보느니라 하시더라. (삼상 16:7)

5 영혼을 살리는 소금 같은 말

- 선한 말은 꿀송이 같아서 마음에 달고 뼈에 양약이 되느니라. (잠언 16:24)

- 소금은 좋은 것이로되, 만일 소금이 그 맛을 잃으면 무엇으로 이를 짜게 하리요. 너희 속에 소금을 두고 서로 화목하라 하시니라. (마가복음 9:50)

6 선물처럼 건네는 '시의적절한 말'

- 사람은 그 입의 대답으로 말미암아 기쁨을 얻나니, 때에 맞는 말이 얼마나 아름다운고 (잠언 15:23)

- 형제자매 여러분, 무엇이든지 참된 것과, 무엇이든지 경건한 것과, 무엇이든지 옳은 것과, 무엇이든 순결한 것과, 무엇이든 사랑스러운 것과, 무엇이든지 명예로운 것과, 또 덕이 되고 칭찬할 만한 것이면, 이 모든 것을 생각하십시오. (빌립보서 4:8)

- 베드로가 이르되 은과 금은 내게 없거니와 내게 있는 이것을 네게 주노니, 나사렛 예수 그리스도의 이름으로 일어나 걸으라 하고 (사도행전 3:6)

7 나와 상대의 격을 높이는 칭찬 습관

- 도가니로 은을, 풀무로 금을, 칭찬으로 사람을 단련하느니라. (잠언 27:21)

8 감사는 인생의 리셋 버튼

- 아무것도 염려하지 말고, 오직 모든 일에 기도와 간구로 너희 구할 것을 감사함으로 하나님께 아뢰라. (빌립보서 4:6)

- 그 안에 뿌리를 박으며 세움을 받아 교훈을 받은 대로 믿음에 굳게 서서 감사함을 넘치게 하라. (골로새서 2:7)

- 하나님께서 지으신 모든 것이 선하매 감사함으로 받으면 버릴 것이 없나니 (디모데전서 4:4)

9 사람의 변화를 끌어오는 말

- 오직 여호와를 앙망하는 자는 새 힘을 얻으리니 독수리가 날개치며 올라감 같을 것이요. 달음박질하여도 곤비하지 아니하겠고, 걸어가도 피곤하지 아니하리로다. (이사야 40:31)

- 오직 주 예수 그리스도로 옷 입고 정욕을 위하여 육신의 일을 도모하지 말라. (로마서 13:14)

- 그러므로 우리가 낙심하지 아니하노니, 우리의 겉사람은 낡아지나 우리의 속사람은 날로 새로워지도다. (고린도후서 4:16)

10 상대의 감정을 인정하는 말

- 만일 한 지체가 고통을 받으면 모든 지체가 함께 고통을 받고, 한 지체가 영광을 얻으면 모든 지체가 함께 즐거워 하느니라. (고린도전서 12:26)

- 각각 자기 일을 돌볼 뿐더러 또한 각각 다른 사람들의 일을 돌보아 나의 기쁨을 충만하게 하라. (빌립보서 2:4)

- 마지막으로 말하노니, 너희가 다 마음을 같이하여 동정하며 형제를 사랑하며 불쌍히 여기며 겸손하며. (베드로전서 3:8)

11 호감을 불러오는 감정 언어

- 형제를 사랑하여 서로 우애하고 존경하기를 서로 먼저 하며 (로마서 12:10)

- 약한 자들에게 내가 약한 자와 같이 된 것은 약한 자들을 얻고자 함이요. (고린도전서 9:22)

- 마지막으로 말하노니 너희가 다 마음을 같이하여 동정하며, 형제를 사랑하며, 불쌍히 여기며, 겸손하며, 악을 악으로 욕을 욕으로 갚지 말고 도리어 복을 빌라. 이를 위하여 너희가 부르심을 받았으니, 이는 복을 이어받게 하려 하심이라. (베드로전서 3:8-9)

> 12 한발 먼저 이해하는 '공감 엔진'

- 우리에게 있는 대제사장은 우리의 연약함을 동정하지 못하실 이가 아니요, 모든 일에 우리와 똑같이 시험을 받으신 이로되 죄는 없으시니라. (히브리서 4:15)

- 한 나병 환자가 예수께 와서 꿇어 엎드려 간구하여 이르되, 원하시면 저를 깨끗하게 하실 수 있나이다. 예수께서 불쌍히 여기사 손을 내밀어 그에게 대시며 이르시되, 내가 원하노니 깨끗함을 받으라 하시니 (마가복음 1:40-41)

> 13 어른의 위로

- 내가 사망의 음침한 골짜기로 다닐지라도 해를 두려워하지 않을 것은 주께서 나와 함께 하심이라. 주의 지팡이와 막대기가 나를 안위하시나이다. (시편 23:4)

- 믿음이 강한 우리는 마땅히 믿음이 약한 자의 약점을 담당하고 자기를 기쁘게 하지 아니할 것이라. (로마서 15:1)

- 예수여, 당신의 나라에 임하실 때에 나를 기억하소서 하니, 예수께서 이르시되 내가 진실로 네게 이르노니, 오늘 네가 나와 함께 낙원에 있으리라 하시니라. (누가복음 23:42-43)

14 나를 바로 세우는 질문

- 여호와여, 주의 도를 내게 보이시고 주의 길을 내게 가르치소서. 주의 진리로 나를 지도하시고 교훈하소서. 주는 내 구원의 하나님이시니 내가 종일 주를 기다리나이다. (시편 25:4-5)

- 네 귀를 지혜에 기울이며 네 마음을 명철에 두며 지식을 불러 구하며 명철을 얻으려고 소리를 높이며 은을 구하는 것 같이 그것을 구하며 감추어진 보배를 찾는 것 같이 그것을 찾으면 (잠언 2:2-4)

- 너희 중에 누구든지 지혜가 부족하거든 모든 사람에게 후히 주시고 꾸짖지 아니하시는 하나님께 구하라. 그리하면 주시리라. (야고보서 1:5)

15 가난한 언어는 가난한 내면의 거울

- 육신의 생각은 사망이요, 영의 생각은 생명과 평안이니라.
  (로마서 8:6)

- 물에 비치면 얼굴이 서로 같은 것 같이 사람의 마음도 서로 비치느니라. (잠언 27:19)

- 무엇이든지 밖에서 사람에게로 들어가는 것은 능히 사람을 더럽게 하지 못하되, 사람 안에서 나오는 것이 사람을 더럽게 하는 것이니라 하시고 (마가복음 7:15-16)

16 자신을 낮추면 비로소 보이는 겸손의 말

- 눈이 높은 것과 마음이 교만한 것과 악인이 형통한 것은 다 죄니라. (잠언 21:4)

- 겸손한 자는 먹고 배부를 것이며, 여호와를 찾는 자는 그를 찬송할 것이라. 너희 마음은 영원히 살지어다. (시편 22:26)

- 여호와여, 주는 겸손한 자의 소원을 들으셨사오니, 그들의 마음을 준비하시며 귀를 기울여 들으시고 (시편 10:17)

17 솔직함의 가면을 쓴 무례한 말

- 내가 너희에게 이르노니 사람이 무슨 무익한 말을 하든지 심판 날에 이에 대하여 심문을 받으리니 (마태복음 12:36)

- 경건의 모양은 있으나 경건의 능력은 부인하니 이 같은 자들에게서 네가 돌아서라. (디모데후서 3:5)

- 한 입에서 찬송과 저주가 나오는도다. 내 형제들아, 이것이 마땅하지 아니하니라. (야고보서 3:10)

18 섣부른 위로보다 진심을 담은 기도

- 마음이 상한 자에게 노래하는 것은 추운 날에 옷을 벗음 같고, 소다 위에 식초를 부음 같으니라. (잠언 25:20)

- 이른 아침에 큰 소리로 자기 이웃을 축복하면 도리어 저주 같이 여기게 되리라. (잠언 27:14)

- 너는 하나님 앞에서 함부로 입을 열지 말며, 급한 마음으로 말을 내지 말라. 하나님은 하늘에 계시고 너는 땅에 있음이니라. 그런즉 마땅히 말을 적게 할 것이라. (전도서 5:2)

19 교만한 조언은 당신만을 위한 것

- 내 형제들아, 너희는 선생된 우리가 더 큰 심판을 받을 줄 알고 선생이 많이 되지 말라. (야고보서 3:1)

- 그냥 두라. 그들은 맹인이 되어 맹인을 인도하는 자로다. 만일 맹인이 맹인을 인도하면 둘이 다 구덩이에 빠지리라 하시니 (마태복음 15:14)

- 지혜자의 입의 말들은 은혜로우나, 우매자의 입술들은 자기를 삼키나니 (전도서 10:12)

20 사과의 말에는 '반성'이 담겨야 한다

- 무릇 나는 내 죄과를 아오니, 내 죄가 항상 내 앞에 있나이다. (시편 51:3)

- 외식하는 자여, 먼저 네 눈 속에서 들보를 빼어라. 그 후에야 밝히 보고 형제의 눈 속에서 티를 빼리라. (마태복음 7:5)

- 만일 우리가 죄가 없다고 말하면 스스로 속이고 또 진리가 우리 속에 있지 아니할 것이요. 만일 우리가 우리 죄를 자백하면 그는 미쁘시고 의로우사, 우리 죄를 사하시며 우리를 모든 불의에서 깨끗하게 하실 것이요. (요한일서 1:8-9)

21 용서의 말, 사랑의 또 다른 표현

- 내 사랑하는 자들아, 너희가 친히 원수를 갚지 말고 하나님의 진노하심에 맡기라 기록되었으되, 원수 갚는 것이 내게 있으니 내가 갚으리라고 주께서 말씀하시니라. (로마서 12:19)

- 비판하지 말라, 그리하면 너희가 비판을 받지 않을 것이요. 정죄하지 말라, 그리하면 너희가 정죄를 받지 않을 것이요. 용서하라, 그리하면 너희가 용서를 받을 것이요. (누가복음 6:37)

- 무엇보다도 뜨겁게 서로 사랑할지니, 사랑은 허다한 죄를 덮느니라. (베드로전서 4:8)

22 "너 T야?"라고 묻는 당신에게

- 네 눈은 바로 보며 네 눈꺼풀은 네 앞을 곧게 살펴 네 발이 행할 길을 평탄하게 하며 네 모든 길을 든든히 하라. (잠언 4:25-26)

- 그런즉 누구든지 그리스도 안에 있으면 새로운 피조물이라. 이전 것은 지나갔으니, 보라 새것이 되었도다. (고린도후서 5:17)

- 내게 능력 주시는 자 안에서 내가 모든 것을 할 수 있느니라. (빌립보서 4:13)

23 핵심만 짧게, 말에도 교정이 필요하다

- 미련한 자라도 잠잠하면 지혜로운 자로 여겨지고, 그의 입술을 닫으면 슬기로운 자로 여겨지느니라. (잠언 17:28)

- 우매한 자는 말을 많이 하거니와 사람은 장래 일을 알지 못하나니, 나중에 일어날 일을 누가 그에게 알리리요. (전도서 10:14)

- 이와 같이 너희도 혀로써 알아듣기 쉬운 말을 하지 아니하면 그 말하는 것을 어찌 알리요. 이는 허공에다 말하는 것이라. (고린도전서 14:9)

24 '이 말만은 하지 말걸!' 말실수를 줄여주는 말공부

- 유순한 대답은 분노를 쉬게 하여도 과격한 말은 노를 격동하느니라. (잠언 15:1)

- 내가 너희에게 이르노니, 사람이 무슨 무익한 말을 하든지 심판 날에 이에 대하여 심문을 받으리니, 네 말로 의롭다 함을 받고 네 말로 정죄함을 받으리라. (마태복음 12:36-37)

- 우리가 다 실수가 많으니, 만일 말에 실수가 없는 자라면 곧 온전한 사람이라 능히 온몸도 굴레 씌우리라. (야고보서 3:2)

25 짐작과 판정은 불통의 말을 부른다

- 진실한 증인은 사람의 생명을 구원하여도 거짓말을 뱉는 사람은 속이느니라. (잠언 14:25)

- 마음에 서로 해하기를 도모하지 말며 거짓 맹세를 좋아하지 말라. 이 모든 일은 내가 미워하는 것이니라 여호와의 말이니라. (스가랴 8:17)

- 거짓 선지자가 많이 일어나 많은 사람을 미혹하겠으며 불법이 성하므로 많은 사람의 사랑이 식어지리라. 그러나 끝까지 견디는 자는 구원을 얻으리라. (마태복음 24:11-13)

26 가까울수록 필요한 '다정한 거리감'의 언어

- 너는 이웃집에 자주 다니지 말라. 그가 너를 싫어하며 미워할까 두려우니라. (잠언 25:17)

- 손님 대접하기를 잊지 말라. 이로써 부지중에 천사들을 대접한 이들이 있었느니라. (히브리서 13:2)

- 그런즉 너희는 차라리 그를 용서하고 위로할 것이니, 그가 너무 많은 근심에 잠길까 두려워하노라. 그러므로 너희를 권하노니, 사랑을 그들에게 나타내라. (고린도후서 2:7-8)

27 한 번 더 생각하고 담는다

- 또 그들은 게으름을 익혀 집집으로 돌아다니고, 게으를 뿐 아니라 쓸데없는 말을 하며 일을 만들며, 마땅히 아니할 말을 하나니 … 대적에게 비방할 기회를 조금도 주지 말기를 원하노라. (디모데전서 5:13-14)

- 이제는 너희가 이 모든 것을 벗어버리라. 곧 분함과 노여움과 악의와 비방과 너희 입의 부끄러운 말이라. (골로새서 3:8)

- 나는 너희에게 이르노니, 너희 원수를 사랑하며 너희를 핍박하는 자를 위하여 기도하라. (마태복음 5:44)

28 집중, 소통하기 위한 가장 기본적인 자세

- 이 모든 일에 전심전력하여 너의 성숙함을 모든 사람에게 나타나게 하라. (디모데전서 4:15)

- 운동장에서 달음질하는 자들이 다 달릴지라도 오직 상을 받는 사람은 한 사람인 줄을 너희가 알지 못하느냐. 너희도 상을 받도록 이와 같이 달음질하라. (고린도전서 9:24)

- 네 손이 일을 얻는 대로 힘을 다하여 할지어다. 네가 장차 들어갈 스올에는 일도 없고, 계획도 없고, 지식도 없고, 지혜도 없음이니라. (전도서 9:10)

29 듣기는 대화의 기본 전략이자 관계의 시작점

- 누가 주의 이 많은 백성을 재판할 수 있사오리이까. 듣는 마음을 종에게 주사, 주의 백성을 재판하여 선악을 분별하게 하옵소서. (열왕기상 3:9)

- 진실로 진실로 너희에게 이르노니 죽은 자들이 하나님의 아들의 음성을 들을 때가 오나니 곧 이때라, 듣는 자는 살아나리라. (요한복음 5:25)

- 좋은 땅에 뿌려졌다는 것은 말씀을 듣고 깨닫는 자니, 결실하여 어떤 것은 백 배, 어떤 것은 육십 배, 어떤 것은 삼십 배가 되느니라 하시더라. (마태복음 13:23)

30 감정의 주도권을 가져오는 '잠깐의 여유'

- 분을 쉽게 내는 자는 다툼을 일으켜도, 노하기를 더디 하는 자는 시비를 그치게 하느니라. (잠언 15:18)

- 분을 그치고 노를 버리며 불평하지 말라. 오히려 악을 만들 뿐이라. (시편 37:8)

- 그가 무식하고 미혹된 자를 능히 용납할 수 있는 것은 자기도 연약에 휩싸여 있음이라. (히브리서 5:2)

31 생각한 대로 이루어지는 무의식의 언어들

- 내가 주께 범죄하지 아니하려 하여 주의 말씀을 내 마음에 두었나이다. (시편 119:11)

- 의인의 생각은 정직하여도, 악인의 도모는 속임이니라. (잠언 12:5)

- 스스로 속이지 말라. 하나님은 업신여김을 받지 아니하시나니, 사람이 무엇으로 심든지 그대로 거두리라. (갈라디아서 6:7)

32 외부 자극으로부터 마음을 보호하는 '거리'의 힘

- 말을 아끼는 자는 지식이 있고, 성품이 냉철한 자는 명철하니라. 미련한 자라도 잠잠하면 지혜로운 자로 여겨지고, 그의 입술을 닫으면 슬기로운 자로 여겨지느니라. (잠언 17:27-28)

- 너희는 이 세대를 본받지 말고 오직 마음을 새롭게 함으로 변화를 받아 하나님의 선하시고 기뻐하시고 온전하신 뜻이 무엇인지 분별하도록 하라. (로마서 12:2)

- 또한 네가 청년의 정욕을 피하고 주를 깨끗한 마음으로 부르는 자들과 함께 의와 믿음과 사랑과 화평을 좇으라. 어리석고 무식한 변론을 버리라. 이에서 다툼이 나는 줄 앎이라. (디모데후서 2:22-23)

참고 문헌 & 참고 웹사이트

◆

《개역개정 성경전서》, 《새번역 성경전서》, 대한성서공회
《개소리에 대하여》, 해리 G. 프랭크퍼트 지음, 필로소픽
《관계를 망치지 않는 대화법》, 임정민 지음, 경향BP
《귀를 열면 대화가 달라진다》, 김범준 지음, 유노북스
《그때 이렇게 말했더라면》, 몰리 하우스 지음, 웅진지식하우스
《대화의 밀도》, 류재언 지음, 라이프레코드
《대화의 품격》, 김지현 지음, 교보문고
《도둑맞은 집중력》, 요한 하리 지음, 어크로스
《DQ 디지털 지능》, 박유현 지음, 김영사
《말 그릇》, 김윤나 지음, 카시오페아
《말로 성공하는 사람의 대화법》, 사이토 다카시 지음, 소소의책
《말센스》, 셀레스트 헤들리 지음, 스몰빅라이프
《말의 알고리즘》, 고은비·김정호 지음, 한밤의 책
《말투 디자인》, 박혜수 지음, 태인문화사
《메타인지 대화법》, 이윤지 지음, 넥서스BIZ
《성경의 지혜에서 배우다》, 나이토 요시히토 지음, 태인문화사
《세 왕 이야기》, 진 에드워드 지음, 예수전도단
《예수처럼 말하는 법》, 이승현 지음, 아르카
《정리하는 뇌》, 다니엘 J. 레비틴 지음, 와이즈베리
《최고의 변화는 어떻게 만들어지는가》, 벤저민 하디 지음, 비즈니스북스
《UnSelfie: Why Empathetic Kids Succeed in Our All-About-Me World》, Michele Borba, Touchstone

◆

https://www.bskorea.or.kr/
https://www.chosun.com/
https://www.dailydental.co.kr/
https://dbr.donga.com/
https://www.donga.com/
https://www.dongascience.com/
https://www.facebook.com/KAIST.CAF/
https://www.hani.co.kr/
https://inews.ewha.ac.kr/
https://www.jobkorea.co.kr/
https://www.joongang.co.kr/
https://www.khan.co.kr/
https://www.kmib.co.kr/
https://k-erc.eu/
https://m.post.naver.com/my.naver?memberNo=7131400
https://www.mogef.go.kr/
https://www.sedaily.com/
https://www.taebaek.go.kr/health/index.do
https://www.tiktok.com/@heungburton
https://zum.com/
https://www.20slab.org/

단단한 마음, 깊은 말, 바이블 대화법

초판 1쇄 인쇄 2024년 9월 20일
초판 1쇄 발행 2024년 10월 15일

지은이 추성은
펴낸곳 (주)앵글북스
주소 서울시 종로구 사직로8길 34 경희궁의 아침 3단지 오피스텔 407호
문의전화 02-6261-2015 팩스 02-6367-2020
메일 contact.anglebooks@gmail.com
ISBN 979-11-87512-97-4 03190

ⓒ 추성은, 2024

- 이 책은 저작권법에 의해 보호를 받는 저작물이므로 무단 전재와 복제를 금하며 책 내용의 전부 또는 일부를 사용하려면 반드시 저작권자와 (주)앵글북스의 서면 동의를 받아야 합니다.
- 잘못된 책은 구입처에서 바꿔드립니다.